小学英语教学策略与教学设计探究

万　丽◎著

文化发展出版社
Cultural Development Press
·北京·

图书在版编目（CIP）数据

小学英语教学策略与教学设计探究 / 万丽著 . — 北京 ：文化发展出版社，2024.3
ISBN 978-7-5142-4180-8

Ⅰ . ①小… Ⅱ . ①万… Ⅲ . ①英语课－教学设计－研究－小学 Ⅳ . ① G623.312

中国国家版本馆 CIP 数据核字 (2023) 第 241510 号

小学英语教学策略与教学设计探究

万 丽 著

出 版 人：宋 娜
责任编辑：任秀颖 责任校对：侯 娜
责任印制：邓辉明 封面设计：守正文化
出版发行：文化发展出版社（北京市翠微路 2 号 邮编：100036）
网 址：www.wenhuafazhan.com
经 销：全国新华书店
印 刷：天津和萱印刷有限公司

开 本：710mm×1000mm 1/16
字 数：200 千字
印 张：12.25
版 次：2024 年 3 月第 1 版
印 次：2024 年 3 月第 1 次印刷

定 价：72.00 元
I S B N：978-7-5142-4180-8

前　言

随着小学英语教育事业的稳步推进，如何实施小学英语教学策略来提高教学实效性已成为越来越多教师关注的话题。在小学英语课堂中，传统的教学方法已经不能吸引学生，这就要求教师必须用发展的眼光看待小学英语教学，把英语教学设计形象化，引导学生在具体的活动中体验英语、学习英语，让学生在英语课堂上感知英语的魅力，从而积极地学习。

全书共九章。第一章绪论，主要阐述了小学英语教学的特点、小学英语教学的目标、小学英语教学的现状、小学英语教学的机遇与挑战；第二章小学英语听力教学策略，主要阐述了小学英语听力教学的要求和小学英语听力教学的策略；第三章小学英语口语教学策略，主要阐述了小学英语口语教学的要求和小学英语口语教学的策略；第四章小学英语阅读教学策略，主要阐述了小学英语阅读教学的重要性和小学英语阅读教学的策略；第五章小学英语词汇教学策略，主要阐述了小学英语词汇教学的重要性和小学英语词汇教学的策略；第六章小学英语语法教学策略，主要阐述了小学英语语法教学的必要性和小学英语语法教学的策略；第七章小学英语教学过程设计，主要阐述了小学英语教学过程形态与功能、小学英语教学过程主要环节、小学英语教学过程的设计；第八章小学英语教学活动设计，主要阐述了小学英语教学活动的特征和小学英语教学活动的设计；第九章小学英语教学评价探讨，主要阐述了英语教学评价的基本内涵、小学英语教学评价的方法、小学英语教学评价的策略。

在撰写本书的过程中，笔者借鉴了国内外很多相关的研究成果以及著作、期刊、论文等，在此对相关学者、专家表示诚挚的感谢。

由于本人水平有限，书中有一些内容还有待进一步深入研究和论证，在此恳切地希望各位同行专家和读者朋友予以斧正。

目 录

第一章　绪论

小学阶段是英语学习的启蒙阶段，也是打基础的关键时期。在这个阶段，英语教师担负着英语启蒙的重任，他们不仅仅要在课堂上完成课程内容教导的任务，还要创新教育方式，培养学生学习英语的兴趣，调动他们学习英语的积极性。本章分析小学英语教学的特点、小学英语教学的目标、小学英语教学的现状、小学英语教学的机遇与挑战四部分。

第一节　小学英语教学的特点

一、教学方法的多样性

新课程改革背景下，小学英语教学的渠道愈发丰富，教师一般采用多元化的教学方法满足学生语言学习中的个性化需求。在此基础上，小学英语教学的特征愈发明显，教学路径逐渐增加，教师会根据小学生的认知水平，制订层次分明的教学目标，同时借助新时期的各类教学工具，拓展小学英语的教学渠道。将多媒体设备、自制教学用具、微视频融入小学英语课堂，创新小学英语教学模式，转变小学英语教学形式，突出小学英语教学方法的多样性。

二、教学内容的生活性

教师在根据新课程标准的要求开展小学英语教学时，需要确保教学内容的生活性，有效结合学生的实际生活，降低学生的记忆难度和理解难度。通常来讲，小学生的学习能力相对较弱，很难理解抽象的理论知识。所以，教师需要确保所教的知识简单易懂，让学生能够积极融入教学场景，然后根据教材文本进行模拟对话。这样有利于小学生提升学习积极性，从而高效地完成学习任务。

三、课程教学的基础性

小学英语是义务教育阶段的基础科目，是影响学生语言发展的重要学科。但小学生尚处于语言认知的初步阶段，小学英语课程教学所包含的内容属于基础性内容，学生仅需掌握英语语言相关的基础知识，形成一定的英语语言思维，为后期的英语语言学习打好基础。因此，对小学英语教学而言，整体课程实践教学内容较少，学习难度较低。教师在设计英语课堂教学内容时，要根据小学英语的“基础性”特点，科学、合理地拟定教学方案。

四、学习过程的探究性

小学英语教学中，学生在学习英语基础知识时，其学习过程具有较强的探究性。所以教师在设计小学英语教学方案时，还应确保教学活动的探索性，用层次鲜明、内容丰富的教学设计，引导小学生逐步探究英语教学活动，学习英语基础知识。在确保小学英语学习过程的探究性特征的同时，教师还应强调学生在教学活动中的“主体性”。而小学英语教学的探究性可培养学生良好的自主学习习惯，增强学生在英语课堂中的主动性，凸显学生的主体地位，发挥探究性教学活动的育人优势。

第二节　小学英语教学的目标

英语学科在我国小学课程设置中是一项不可或缺的组成部分，小学英语不仅可以有效提升学生的语言能力，还可以更好地拓展学生的思维方式，更重要的是英语学习带来了不同的文化和交流方式，显著开阔了小学生的视野。近些年来，在时代巨轮的推动下，我国在国际竞争中发挥出了自身的优势，未来势必在国际上有更多的沟通与交流，所以应该将小学英语教学摆在非常重要的位置，采取有效的教学措施，促进小学生对英语科目内容的掌握。

①紧抓语言学习特点，培养听、说、看能力。归根结底，语言学习一定要将教学定位在听、说、看的能力培养上，但是教学过程中要良好地把握其间的尺度，对于小学生而言，这些能力无须达到较高的水平，方向正确，能够有充分的感受，能够体会英语语言环境的特征，才是小学英语学习的主要大方向，小学生不需要

太多复杂的词汇进行沟通交流，能够达到最基础的要求即可。

②以异域文化的熏陶来提升小学生的素质优化度。仅将小学英语作为一门知识学科或语言来学习是一种具有局限性的认知，忽视了英语背后所蕴含的文化价值。对于所有的国家与民族来讲，文化是其发展的根基，而不同的地域与民族都具有自身的文化优势，每种文化中的精华部分都有助于提升个人素养。对于我国学生来讲，学习与继承中华文化固然重要，但也需要接触西方国家的异域文化，在不同语言环境及文化的影响下，实现个人素质的提升。

③养成习惯，多方面受益。很多学生将学习当作一种任务，但实际上学习不仅是一门艺术，更是可以对学生终身发展产生影响的一项有益活动。特别是作为一门语言学科，小学英语学习对于小学生的综合素质及正确学习习惯的养成都具有十分重要的现实意义。在小学阶段，英语的学习有助于促进学生勇于表达、善于交流、敢于互动、积极参与，对于小学生的终身发展具有长远影响。

第三节 小学英语教学的现状

一、小学英语听力教学现状

（一）听力语音过于单一

在小学英语听力教学中，很多教师为创设真实的教学情境，并充分发挥出体验式教学的优势作用，通常会一直选用相同版本的听力材料，这虽然能够为学生带来更大的熟悉感，帮助其获得良好的听力训练体验，但在听力材料发音习惯等几乎完全相同的情况下，很容易使小学生的听力能力发展受限，一旦熟悉了固定的听力语音，那么在相关的英语交流实践中，面对不同发音习惯的“听力内容”，就可能会出现“听不懂”或“听错”的问题。

因此，在实际的小学英语听力教学中，教师对于体验式教学的应用必须要从促进学生能力发展的视角出发，尽量选择语音多样化的听力材料，以帮助小学生熟悉、适应不同的发音习惯，切不可为了创设小学生熟悉的教学情境而长期采用发音习惯相同的单一听力材料。教师可以利用多种途径为小学生补充听力素材，尤其要重视对网络平台进行有效利用，满足小学生多元化的听力学习需求。

（二）听力教学模式单一

如今，培养小学生的听力技能主要通过课堂教学和听力测试两个方式。传统的小学英语教学模式总是习惯性地在每节课上将听、说、读、写这四大技能融为一体，在小学英语教学设计中，教师往往会优先考虑、重点设计读、写、说这三大技能，一般会对听有所忽视，而且在大家看来，课堂上教师的全英文教学以及对学生的提问，就是在培养小学生的听力技能，所以一般不会再设计与听力相关的教学活动，这也就是为什么我们有阅读课、语法课、复习练习课，却没有听力课。课堂上教师教读新单词和课文，小学生不甚理解地跟读；课堂上教师提问，小学生答非所问或缄口不言，这些对于小学生听力技能的培养是毫无意义的。

（三）听力教学与口语教学缺乏联系

听和说是密不可分的，两者具有相互促进的作用。引导学生不断进行口语练习，可以提升其语感，当学生能够独立用英语进行表达时，那么其听力能力水平也会得到大大提升。由此可见，听、说结合教学十分必要。但从当前的小学英语教学情况来看，听力教学与口语教学缺乏联系，听力教学是单纯的练习听力，口语教学是单纯的练习口语，未发挥出两者的互相促进作用，导致学生的听力能力和口语能力差距较大。

（四）缺乏技巧与方法的指导

训练学生的听力技能主要是通过一些听力测试，常见的听力测试题型有"听录音，选出你所听到的单词""听录音，给图片排序""听录音，选择正确的答句""听录音，根据对话回答问题""听录音，填入所缺单词"，大部分学生在进行听力测试时通常只会在听前浏览一遍题目，教师也会要求小学生圈画一些关键词，但效果通常不理想。倘若教师在平时就针对每种题型为学生进行专门的技巧和方法指导，并且提供更多让学生进行操练的机会，想必学生在面对听力测试时也不会再感到无所适从、束手无策了。

（五）教师的教学理念有待转变

小学英语听力教学的效率与教师对听力教学的教学理念之间有着直接的联

系，所以教师的教学理念关乎小学生英语听、读能力的提高。目前，中高考英语主要考察学生的文本理解能力，听力在考试中的占比较低，而很多教师依然受到传统的应试教育影响，下意识地认为小学听力教学没有读写教学重要，所以教师会将大部分的课堂时间用于读写练习。这会导致很多小学生虽然能够正确拼写出某一单词，也能够用单词流畅地写成一句话，但是并不能够把这句话完整地说出来，在听力练习的时候听到某一单词的读音时也无法正确写出对应的单词。这就会导致小学生在英语听、说、读、写等各环节之间出现割裂，会写不会说的“哑巴英语”情况屡见不鲜。与读、写教学相同，小学生听力能力的提高也需要有对应的语感作为支撑，而语感的培养则需要在日常的教学过程中进行渗透，所以提高小学生的听力能力是一项长期的工作，教师必须调整目前的教学理念，真正重视小学英语听力教学，促进小学生英语听力能力的有效提高。

（六）英语听力教学评价单一

在小学英语听力教学过程中，教师存在教学评价单一的问题。教师在教学过程中不注重使用多样化的评价方式，对不同的学生采用同一评价方式。教师不注重区分对学生听前、听中和听后的评价，不能及时地给予学生正确而恰当的反馈，这些问题在一定程度上降低了小学生在英语听力教学活动中的参与度和热情，不利于小学生正确认识自己。

（七）学生英语听力学习习惯差

首先，小学生没有养成课后积极向他人学习良好的英语听力方法的习惯，这使小学生在听力方面显得很吃力，听力的质量也随之降低。很少会有学生经常主动与老师、同学交流听力经验，这说明小学生在学习英语听力的过程中缺乏必要的沟通和交流，这既不利于小学生养成活泼开朗的性格，也不利于教师了解学生的知识掌握情况从而调整自己的教学节奏和方法。

其次，小学生没有养成在课外时间学习听力的习惯。少部分学生会利用课余时间进行听力训练，但大部分学生不会合理利用课余时间来弥补自己听力方面的欠缺，影响了小学生英语听力的学习效率，不利于小学生掌握更多英语听力方面的知识。

再次，小学生在英语听力课堂上注意力分散。经常和周边的人交头接耳，也不主动参与到课堂活动中，这也会影响小学生的英语听力效率。

最后，小学生没有充分利用其他听力资源来锻炼自己听力水平的意识，缺乏有意识提高自己听力能力的习惯。

（八）学生英语词汇量匮乏

小学生英语词汇积累不足，而听力中经常会出现陌生的词汇，加上小学生的英语听力能力较差，一旦出现陌生词汇就会影响整个听力效果。一方面，由于小学生所掌握的词汇主要来自教材，教师很少进行教学拓展，也没有引导小学生自主搜集词汇和进行课外阅读，导致小学生的词汇量匮乏。另一方面，部分小学生缺乏英语学习兴趣，尤其对于背诵和记忆英语单词存在抗拒心理，因此很少自主完成教师布置的学习任务，对教材中的单词掌握不牢固。

二、小学英语口语教学现状

（一）缺乏练习情境

小学英语口语教学是一种语言互动交流的学习形式，要想提高小学生的英语口语能力，必须鼓励其多说、多练，敢于开口说。很多学生在英语学习中存在一定的逃避心理，认为在他人面前说英语是一件很害羞的事情。同时，小学英语口语练习需要依托各种真实的生活或学习情境才更容易展开互动。然而，在目前的小学英语口语教学过程中，教师只是简单地要求学生仿照教材中的场景进行练习。这种单一、重复的练习情境难以满足学生的口语学习需求，也不利于他们将课本中学到的口语技能应用到现实生活场景中。

（二）英语口语教学内容乏味

部分教师在小学口语教学的过程中，一直围绕教材进行口语教学，并没有重视将生活场景或者生活现象与学生的英语口语学习相结合，且教材的内容有限，导致英语口语的教学内容比较乏味，无法激发小学生的学习积极性，英语口语教学的效果也受到了很大的影响。

（三）教师英语口语水平不高

提高英语口语教学的有效性，关键在于教师的英语口语水平和教学素质。调查显示，教师整体英语口语水平不高。作为学生英语口语学习的教育者，教师的英语口语水平在一定程度上影响了小学生英语口语习得的效果。大部分教师的英语发音一般，甚至不规范，只有少数教师的英语口语水平可以胜任英语口语教学，大部分教师的英语口语水平有待提升。除此之外，一些教师自身的英语口语存在较大的问题，如发音不够标准、清晰，前鼻音和后鼻音以及唇齿音分不清楚。在课堂中，部分教师的教学语言不够通顺、流畅，无法做到全英授课，他们上课几乎很少组织英语口语教学活动，整堂课都在给学生灌输单词、句型、语法知识。在学校中，学生英语口语水平受教师的影响非常大。如果英语教师无法说一口流利、地道的英语，对学生英语口语表达能力产生的负面影响自然不言而喻。

（四）英语口语教学资源落后

应试教育背景下，在基础教育阶段，社会、学校、教师对学生的口语不做要求，市面上缺乏匹配对应年级学生的英语口语教学教材。同时，教师一方面担心英语口语教学挤压学生在校考试复习的时间，另一方面担忧学生的课业负担太重，因此到底该怎么教更合适、性价比更高也是一个难题。

班级里优秀的英语口语表达者，大多是家长对孩子有要求，或者学生本身对英语感兴趣，对英语接触多。在一些落后的地区，小学英语口语教学过程中可采用的教具教材以及教学资源十分有限，这就导致小学生的英语口语练习机会少，单词读错也无人纠正，无法将其真正转变成语言优势，应用到实际生活中。

（五）学生课堂口语练习机会少

课堂作为学生在学校中提高英语口语能力的主要途径，对学生的英语口语学习效果有着重要的影响。调查显示，部分学生在课堂中的发言积极性不高，教师给予班级学生英语口语练习的机会不足，小学生的英语口语交际水平难以得到提升。

首先，作为一门具有交际功用性的学科，英语需要学生实践练习自己的英语口语。有些学生在课上回答问题比较积极，他们的学习动机较强，相较于其他同学有更多的机会和老师进行互动交流，而有些学生上课回答问题的机会则比较少，学习动机较弱。长此以往容易使学生的成长获得一种不平衡性，得到进步的学生会增加自己英语口语学习的自信，提高学生英语口语学习的兴趣，形成良性循环；而课上没有机会和老师进行互动交流的学生看到和其他同学之间的差异后容易丧失对英语口语学习的热情，不利于其自身英语口语的发展，从而导致小学英语口语教学有效性不高。

其次，班级容量的大小对课堂活动的开展和师生互动有着直接影响。学校的英语口语教学形式以大班教学展开，几乎所有老师所在的班级容量都超过了45人。大班的组织形式会影响学生和教师之间的互动，使得教师很难保证每个学生都参与进课堂中来，很难保证为每个学生提供均等的口语操练的机会，英语口语教学的有效性也随之下降。

此外，教师忽视英语口语教学，学生在课堂中进行书面知识的输入较多，获得的英语口语练习机会较少，使得学生的英语口语水平提升受到限制，导致英语口语教学效果难以得到有效提升。

（六）学生英语口语学习兴趣不足

学习者的学习情感与其学习精力的投入、学习效率、学习质量密不可分。特别是对于小学生而言，他们正处于以感性认知为主的发展阶段，容易受到感性思维的影响，也就是说，小学生在对于某一学科或者某项技能十分感兴趣的情况下，会自觉地投入更多的学习精力，学习效率与学习质量就会更高。相反，则很少主动地参与到该项学习活动之中，容易出现学习效率低、学习质量不理想等问题。当前，大部分小学生在英语口语的学习中学习兴趣不浓厚，课堂上表现得不够积极，很少与教师、同学进行英语口语交流，这是导致学生英语口语能力薄弱的一个重要的因素。

究其原因，一方面在于教师所组织的英语口语教学活动不具备吸引力，难以激发学生的英语口语学习热情；另一方面是受到学生自身因素的影响，如英语基础知识薄弱，在英语口语交际中听不懂对方表达的内容，或在英语学习中存在畏难心理、口语表述自信心不足等问题，这些因素都会阻碍学生英语口语学习内在动机的产生，不利于英语口语教学的顺利开展。

（七）学生的英语能力发展不全面

在一线教师的小学英语教学中，存在着学生英语能力发展不全面的问题。许多学生可以读、写，但不会说英语，甚至不敢使用英语同别人交流。这种情况是由多种因素引起的。例如，老师不太重视教学生口语，导致学生不敢说英语，只专注于日常英语知识的学习。因此，教师应结合小学英语口语教学中存在的问题，运用多样化的口语教学策略，以学生为中心，培养学生的英语口语能力。教师在英语口语教学中，应该鼓励学生大胆发言，表达自己的观点，利用英语与他人交流，这样才可以使学生真正掌握英语口语知识，能够应用英语口语知识。

例如，在当前的小学英语口语教学中，教师需要主动创设真实的英语口语环境。在新时代下，新课标强调小学英语教学有必要回归英语教育的本质，并随着小学英语教育的发展提出新的任务和目标。培养学生的英语口语能力既是英语教育的起点，也是学生学习的终点，强化学生的英语口语能力，对学生未来的发展具有重要作用。尤其对于小学生而言，他们正处于语言学习能力最强的时期，因此小学阶段的英语口语教学非常重要。教师通过综合利用英语课程的不同教学方法进行英语口语的教学，使该教育环境成为一个学生可以自由说英语的交流平台，让学生可以在小学英语口语的课堂上更直观地体验教学内容，更好地理解英语知识。作为提高学生英语核心素养的一种方法，教师可以通过学生间的互相帮助、交流，来提高他们的英语口语水平。

（八）学生缺乏英语口语表达的信心

一方面，部分学生尽管已经掌握了较多的英语知识，但是其缺乏英语口语表达的信心，不敢张口说英语；另一方面，部分学生担心自己的发音不准确，也不敢张口说英语。对此，教师并未重视对学生进行正确的引导，也并未重视培养学生英语口语表达的信心，导致新课改重视发展学生听说能力的理念没有得到贯彻落实。

三、小学英语阅读教学现状

（一）教学目标模糊

在实际开展小学英语阅读教学时，很多教师并没有明确教学目标，导致教学目标过于抽象，不够具体，具有一定的宽泛性。模糊的教学目标导致英语活动内容流于形式，无法培养学生的英语高阶思维，同时也会影响阅读教学效率。

（二）缺乏阅读教学资源

小学英语阅读文本中不仅包含词汇、句型和语法等语言知识，还与相关自然环境、社会文化等有着密切联系。如果在小学英语阅读教学中教师准备不足，缺少丰富多样的阅读教学资源，不仅无法激发学生主动阅读的兴趣，而且会导致学生无法理解一些内容。在课内阅读之后，教师往往不能引入课外阅读资源，无法巩固学生的阅读成果。

（三）阅读学习内容受限

英语作为一门语言性学科，其在实际的教学过程中应体现出趣味性和特色性。小学阶段的英语教学应先从培养兴趣开始，然而在实际的英语阅读教学实践过程中，由于教学任务以及课时安排，一些英语教师忽略了课外阅读的重要性，缺少对相关文化背景的认识、思维方式的延展以及学习模式的拓展。还有部分英语教师不重视对小学生进行渐进式引导，使其英语阅读学习能力难以提升。

（四）缺少科学的教学方法

工欲善其事，必先利其器。对于小学英语阅读教学而言，这个“器”就是指阅读教学方法。长期以来，在小学英语阅读教学中，教师大多是通过直接讲授的方式实施阅读教学，学生独立思考、合作探究的机会较少，导致小学生自主阅读能力长期无法提升，也就无法培养学生的英语思维与学科核心素养。

（五）忽视英语阅读能力的培养

要想提升学生的英语阅读水平，必须要有相当数量的词汇。然而，在实践中，教师不注重学生对词汇的积累，只是关注学生对文本的整体把握。特别是在小学英语教育中，小学生的认知水平较低，在学习中缺少自主积极性，因此教师在教学中要认真地进行引导，研究和分析各种教学方法和课文的内容，以提升小学生的英语阅读能力。

（六）缺少规范的课堂活动

部分教师开展英语阅读活动不够规范，也没有结合学生的实际生活创设生动形象的情境。很多时候只会按部就班地开展课堂教学，不利于激发学生的英语学习兴趣。最重要的是，很多教师没有考虑学生的个体差异，一些学生的英语学习能力较弱，但没有得到应有的关注，使学生群体出现两极分化的情况。

（七）阅读能力两极分化严重

每个学生都是独立的个体，但在长时间英语学习之后逐渐出现分层现象。学习成绩较好的学生成为阅读课的主力军，积极配合教师开展阅读活动，乐于回答高阶思维的问题；学习成绩中等的学生在阅读课中能够跟着教师的步伐开展学习活动，但也是一知半解，在课堂中没有自信；学习成绩有待提升的学生则会听得云里雾里，逐渐丧失耐心和信心，学习兴趣和积极性也逐渐下降。长此以往，积极参与课堂互动的学生更加积极，沉默不言的学生更加沉默。教师在设计英语阅读课堂时忽略了学生能力分层的问题，无法让不同层次的学生都能在不同的阅读阶段参与课堂活动。部分小学生的英语阅读能力虽然较弱，但个人表现能力较强，也是角色扮演的不二人选。因此教师对学生个人特点和能力的把握在英语阅读课备课时也显得尤为重要。

（八）小学生英语语感的缺乏

随着英语教学水平的提高，小学生在阅读大量的课文时，也会自然而然地形成语感。在这种语感的作用下，当遇到陌生的单词时，可以忽略这个单词，抓住要点。而初学英语的学生阅读的内容相对较少，难以形成这种语感。他们对英语的理解还不够成熟，这在很大程度上制约了他们的英语阅读水平。

（九）师资队伍建设存在问题

小学生刚开始学英语时，对不熟悉的东西总是很感兴趣，所以他们愿意听老师讲课，也愿意去理解老师讲的东西，老师要在这时运用各种不同的方法来教授英语，保持他们对英语的好奇心。然而，在某些小学英语阅读课上，由于教学设施不足，部分老师的英语综合素质还不高，造成了有些老师在英语的综合课上只是重复地教授英语词汇，让学生不断地重复英语句子，这种方法长期持续，就会使学生对英语的理解变得索然无味，或者永远失去了学习的兴趣。在小学英语阅读课堂中，出现了一种“怪圈”，即老师在课堂上不断重复，但却无法提高小学生的学习效果。

（十）重视教材内容，缺乏课外延展

在我国义务教育英语发展的进程中，教师的主要任务就是激发学生英语阅读的兴趣，使其更好地掌握英语知识。目前，大多数学校所教授的教材是以阅读教材为主，很难与学生的实际需要相适应，因此很容易导致教材使用效果不佳，从而影响小学英语课堂的阅读质量。调查发现，目前市面上能够完全满足学生需要的课外读物数量非常少，而且学校教材的种类也比较单一，阅读范围的局限、视野的狭隘、学习效率的低下，导致学生对英语阅读教学的学习兴趣下降。

（十一）小学生英语阅读学习兴趣低

小学英语阅读教学任务具有一定的目的性，需要教师不断改进教学方法，提升自身的教学能力，帮助小学生全方位掌握知识点，以促进英语阅读教学质量的提升。小学生的学习意志力薄弱、好奇心强，在学习过程中很容易被其他有趣的事物吸引注意力，这时，教师都会以强制措施要求小学生学习，这会导致英语阅读教学效率不断下降。

目前，在小学英语阅读教学活动中，教师的教学方法落后，还存在“满堂灌”的现象，根据自己的教学内容进行讲解，不考虑小学生的信息接受能力，导致小学生在英语阅读过程中无法理解相关语句。而且，教师在小学英语阅读教学过程中，很容易忽略小学生的学习能力，不注重培养小学生的独立思考能力，忽略学生参与教学活动的重要性，使小学生学习主体的地位下降，被动接受知识，只能依靠死记硬背，导致试题一旦变换句式就不会阅读了。同时，小学生在英语阅读学习过程中没有主动参与进去，使得学习兴趣大大下降，甚至出现厌学的情况，逐渐将学习重心转移到自己感兴趣的学科上。所以，在小学英语阅读教学中，教师要注重培养小学生英语阅读的学习兴趣，提高教学意识，充分认识到英语阅读对小学生以后的学习成长有着重要的作用。

四、小学英语词汇教学现状

（一）母语依赖性强

在小学英语教育教学中，出于学生基础能力的限制，为了保障英语课堂的顺

利进行，教师通常采用汉语授课的方式，在讲授时以汉语作为教学、沟通语言，以英语作为知识点和测试语言。但是，在大多数学校中，小学生基本从开始接触英语课到小学毕业这段时间，都采用汉语授课英语知识的方式来开展课堂活动，过于依赖汉语授课，致使英语词汇教学更像是一个知识点，用英语更像是一项技能，但本质上英语和汉语一样是涵盖文化内涵的重要沟通语言，因此可以在高年级授课时，在学生掌握一定基本用语的前提下，提升全英文授课的占比，在潜移默化中、在实践应用中用上英语词汇，用好英语词汇。部分教师本身也会保留母语的语音习惯，发音带有口音或者很不标准，教授给学生后会给其日后的跨文化交际带来一定阻碍。还有，在英语学习过程中，学生也会依赖母语语言习惯并将其自身文化背景模式套用在英语学习中，因此产生了发音、翻译、应用等方面的学习阻力。

（二）忽视词汇教学地位

从整体视角来说，小学英语教学涉及的内容并不是特别多，知识难度也一般，但是在传统教育观念下，一些教师没有意识到英语词汇教学的重要性，忽视了英语词汇教学的地位。在小学日常英语词汇教学中，教师仅仅带领学生简单地朗读、识别与记忆词汇，而将主要精力与时间放在句型、语法的分析上，导致没有充裕的时间指导学生学习英语词汇，影响其对英语词汇的掌握。

（三）缺乏词汇学习环境

由于英语是一门外来语言，在语言环境方面，我国小学英语教学有着天然劣势，学生在学习与生活中接触到的语言以母语——汉语为主，而遇到的英语词汇较少。学生学习和运用英语词汇的环境极为匮乏，只有在英语课堂上才会大量接触英语，这使得其学习态度较为被动，不仅学习效果一般，还很难积累一定数量的词汇。

（四）教学方式单一、重复

新课改对学生英语的听说读写能力提出了新的要求，这意味着他们要加强基础知识的学习，因此单词的重要性越来越突出。很多教师意识到了这一点，开始在单词教学中投入大量的时间和精力，但教学效果却并不明显。这往往是由于教学方法比较单一，教学方式重复。一些教师在进行英语词汇教学时习惯于固定化的流程。例如，教师在教学新课文之前，会对本课的新单词进行教学。一般会先让学生从单词表中找到这些单词，逐一向他们讲解单词的读法和意思，接着开始组织他们反复朗读并纠正读音，然后给其预留一定的时间背诵单词的拼写方法和不同含义，最后教师进行检查。这样固定、单一的教学流程一方面不能让学生了解单词的真实使用情境，无法帮助他们进一步理解单词的含义；另一方面也无法激发他们学习单词的兴趣，甚至会使他们对英语词汇学习产生抵触心理，导致学习效率低下。

（五）学生缺少记忆单词的方法

多种数据表明，学生受到自身生理、心理、智力等方面的限制，如果学习单词前未掌握一定的发音规律，通过死记硬背则很难长时间记忆词汇，想要拼写词汇则更难。为了让学生记住单词，教师通常会通过多种形式朗读，或者各种单词游戏让学生记住单词发音，如教师拿出各种颜色的卡片，举起红色卡片然后示范读“red，red，it’s red”。学生跟读三遍，然后举起绿色卡片示范读“green，green，it’s green”. 最后用同样的方式教读其他单词。教读完毕后，教师再通过玩单词游戏的形式巩固单词的读音，如单词炸弹游戏，即学生读颜色单词，如果碰上炸弹则不能读。通过游戏，学生兴趣高涨，学习氛围浓厚，部分学生当天就记住了单词的发音，但是这样的记忆时间不长。教师有没有发现这样的情况，有的学生看似学会了，指着黑板上所有颜色的单词每个都能读，但放在课本中或是句型里，他们还是不能读。究其原因，除了教学中词汇是独立教学，教学方式单一外，另一个原因也就是学生没有真正掌握单词的拼读规则，导致学生记忆单词低效，不能长时间记忆单词。

（六）教师忽视语言技能的教学

小学英语教学包括语言知识和语言技能教学两部分内容。语言知识包括词汇的音、形、义等，语言技能包括英语的听、说、读、写和四项技能综合运用的能力。在小学英语词汇教学的课堂中，教师重视英语词汇知识的传授与讲解，对词汇的发音、词义、拼写以及用法通过呈现客观知识的方式进行教学。如词汇发音练习，通过快速领读词汇表或课文完成发音操练；词义练习，通过反复朗读中文含义识记词义；词汇拼写是字母间的排序整合，是没有规则性的教学；词汇用法根据语法规则背诵记忆。教师对语言技能综合教学不够重视，教学中只关注某一语言技能的教学，忽视其他语言技能的应用，割裂了语言技能相互促进、共同发展的关系。各种语言技能都起着重要作用，它们是相辅相成、缺一不可的，片面地关注单一语言技能的发展，会影响学生英语词汇学习的完整性，不能完整地认识和学习词汇，导致学生英语语言技能的学习出现偏差，认识英语词汇却不能表明含义，知道词汇却不会使用，失去了语言教学的意义。

语言技能教学不仅要促进四项语言技能的提高，还需要培养学生综合运用四项语言技能的能力。对综合运用语言技能的教学，教师未给予足够的重视。教师未在课前与学生讨论语言技能所包含的内容和功能作用，以及未在课堂教学时教授学生提高综合运用语言能力的方式方法，缺少科学的系统的教学过程，使学生的学习仅停留在词汇表面，限制了语言能力的发展和提高。

（七）教师对学生的评价方式单一

教学评价具有诊断、激励、调节作用。通过教学评价可以反映出教师课堂教学状况以及学生的学习情况，使教师真正了解课堂教学情况，并有计划地调整教学行为，推动课堂教学有序高效进行。调查可知，教师对教学评价的认识不全面。有些教师认为教学评价的作用不大，在教学时不重视教学评价的使用；还有些教师表示在课堂中多使用观察提问的评价方式了解学生对英语词汇的掌握程度，简单地将学生的学习效果等同于教学评价，没有充分发挥评价的作用。教师对教学评价的不全面认识阻碍了教师了解学生学习效果和课堂教学情况，教师需转变思想，调整教学计划，改善教学效果。

（八）教学活动的深度和广度不够

在小学英语词汇课堂中，教学活动表现出两种现象。在学校组织的公开课中，教师设计数量多且有趣的教学活动吸引学生的学习兴趣，促进学生积极参与；在日常的课堂教学中，教师多采用简单且固定的教学活动组织英语词汇教学，使学生快速汲取英语词汇知识。这两种教学活动存在的共同问题是深度和广度不够，教学质量和内容需要提高和改进。在公开课中，设计教学活动是为了引起学生的兴趣，仅关注活动的趣味性和形式多样性，使学生对教学活动内容的认识和理解不够深入。在日常教学中，教师为了完成教学任务，达成教学目标，导致其设计的教学活动广度不够宽泛，忽视了对教学活动内容的整合和强化，淡化了英语词汇教学内容。

（九）教师的教学习惯与学生的接受能力脱节

由于小学生接受新知识、新事物的能力有限，大多数学生在学习英语词汇时，思维会以形似音似进行模仿式学习，还有一部分学生则通过抽象记忆衍生新词汇的方式进行记忆，这种差异在高年级和中年级之间比较明显。随着社会的发展，小学生的思维方式也在不断变化，但是教师的教学习惯却在一直延续，这就导致当下教师英语词汇教学的习惯和学生的接受能力严重脱节。有些教师的教学习惯单调乏味，会给抽象记忆的学生带来疲倦感，对英语词汇的学习记忆非常不利；而有些教师的教学习惯过于抽象且词汇讲解迅速，这就给那些通过“音”和“象”来学习英语词汇的学生带来了巨大的困扰，跟不上、记不住也成了他们最大的难题。

五、小学英语语法教学现状

（一）教学重点不当

在小学英语教学的过程中，英语语法教学发挥着十分重要的作用，同时也具有一定的教学难度。为了发挥英语语法教学的作用，教师要明确教学的重点和难点，根据学生的学习需求、能力水平制订教学方案，帮助学生掌握英语语法知识的规律和特征，使学生构建完善的知识体系。但在实际教学的过程中，很多教师都没有明确的教学重点，可能更倾向于单词、短语的教学，认为增加学生的词汇量，才能提升学生的英语水平，忽略了英语语法教学的重要性，导致学生无法掌握正确、合理的学习方法，在学习的过程中只能单纯地依靠记忆，教学效果并不明显，小学生的英语语法水平也难以提升。

（二）“满堂灌”的教学模式

教师在教学时常常一股脑地把所有的语法知识点灌输给学生，学生通过机械的记忆和重复的操练，逐渐构建语言框架。但这种学习模式缺乏逻辑意义，不能充分调动学生学习的积极性与主动性，不利于学生构建认知体系。

（三）语法检测趋向程式化

在小学的英语教材里，没有明确地标注出语法的学习板块。因此，主要检测学生语法学习成果的方式均体现在试卷中，通常英语试卷中都会出现语法类的选择题与填空题，而教师的语法教学通常都是为了考试，通过试卷的考题答案正确与否来确定学生掌握语法的程度，导致学生没有真正领会到学习语法的意义。

第四节 小学英语教学的机遇与挑战

一、小学英语教学的机遇

（一）教育投入的增长

在党中央、国务院关于优先发展教育的一系列重大方针政策指导下，国家各级财政部门始终把教育摆在公共财政支出的突出位置并予以重点保障，不断地加大教育投入。同时中央还出台了相关政策，在增加公共财政预算的教育投入的同时，通过统一内外资企业和个人教育费等附加制度、开征地方教育附加、从土地出让收益中按比例提取教育资金等措施，积极开拓教育经费的来源渠道。

（二）教学手段的多样化

以往教师多采用黑板与粉笔教学，向学生传递信息的渠道有两种，一种是单一的语言，另一种是静止的板书，教学手段单一。现代信息技术具有丰富的表现形式，这使得我们的教学手段也更加丰富多样。现代信息技术集图、文、声、像于一体，变以往单一的语言输出为图片、图像、音频与视频等形式的特点，这无疑增大了信息的输出量，更为重要的是能展现语言丰富多彩与生动活泼的特点，可以真实地还原语言，将语言的学习寓于特定的场景与活动之中，这让教师的教学更加灵活。教师的英语水平再高，也无法模拟众多鲜明的人物形象，再现诸多真实的交流场景，这让我们的教学受到诸多限制，许多活动都无法完成，许多效果无法实现。而现代信息技术的运用可以突破时间等的限制，将语言文字材料真实还原、生动再现，让学生从多个角度来体会与感受，从而让整个教学活动更加丰富多彩。

二、小学英语教学的挑战

（一）教学层面的挑战

教学成效与学生的课堂参与度有关，学生的性格和能力水平也对其造成了影响，这些都是影响教学成效的外部因素，也只有在实际教学中确定这些要素，才能更好地将英语知识归纳于教学流程之中，这样才易于扩大英语教师的教育影响力，避免由于教学设计和实践流程衔接性不足而对学生产生的多种影响。最后，学生个体间的兴趣取向差异，也是重要的教学挑战之一。例如，喜欢口语实践的学生针对“Do you like candies?”这一问题，进行“Do you like candies?——Yes，I do.”的口语交流实践时，不仅课堂交流的节奏非常流畅，还不会出现因内容陌生而忘记词语的问题。可见，个体差异是英语教师需要探讨的问题，如何通过自身的导学作用，使能力水平存在差异的学生都能积极参与到课堂实践中，并使其敢于进行口语表达，是在教学层面出现的挑战。

（二）教材层面的挑战

教师制订的教育实践方法、教材的丰富度以及学生的学习参与度，是三大教育要素，分析小学英语教学面临的挑战问题时，也应从上述内容出发，将教育教学问题归纳其中。基于此，才能找对影响学生学习成效的原因，并重新组织教学实践方法，才不会出现影响学生个人理解的问题。

除此之外，教材是研究英语语法知识的主要途径，但通常会存在理论知识过多而趣味性不足的问题，这会对学生产生持续影响，容易使其出现学习“掉队”的问题，还会使学生的学习焦虑感大大增加，最终导致学生学习不自信，很难对英语这门学科的知识予以重视。

（三）师资层面的挑战

调查发现，一些小学缺乏专业的英语教师，没有科学建设教师队伍，不同地区所具有的师资力量有很大的差异性，对提升小学英语教学水平造成了一定的影响。现代经济的发展可能会使部分优秀师资外流，发达地区具有完善的教师队伍和雄厚的师资力量，部分偏远地区的师资力量则不够雄厚。首先，教师数量相对较少，部分学校一名英语教师同时负责多个班级的教学工作，导致教师长时间超负荷工作，为其教学工作带来了严重的负担。教师的时间和精力具有一定的局限性，很难针对学生的具体情况制订英语教学计划，难以有效保障英语教学效果。同时，还有部分英语教师的教学观念相对陈旧，没有及时对教学方法进行更新，很难适应现代教学的需求，不利于自身英语教学水平的提升。

（四）兴趣引导层面的挑战

对枯燥理论知识的学习兴趣不足，是正常且普遍的教育现象，当然也是教师面临的一项挑战，这是小学生在学习生活中不可避免的问题，但也是教师可以进行教育介入的出发点。也只有基于此种挑战，掌握影响学生学习兴趣的要素，才能更好地加强学生学习的自驱力。例如，通过图片与生词对应的方式调动学生的兴趣，加强学生的课上参与感，影响小学生的学习状态。但是，在实际的英语教学中，教师通常很难掌握小学生的特点，且难以设计出符合其学习需要的实践流程，从而无法增强小学生的课上参与感。

第二章　小学英语听力教学策略

英语教学中，听、说、读、写既是教学的目标，又是教学的内容。其中，听力理解占据至关重要的地位，听力水平的高低是英语学习者学好英语的关键。听是说的前提和基础，说的能力在很大程度上依赖于听的能力。本章分为小学英语听力教学的要求和小学英语听力教学的策略两部分。

第一节　小学英语听力教学的要求

一、要注意培养学生的基本技能

（一）扎实的语言基础知识

听力是听和理解能力的总和。语言知识是听力理解的必备条件。没有一定的语言知识基础，要听懂是困难的。要熟练掌握教材中出现的单词、句型以及常用的表达方式，特别是单词的语音、语调要正确、清晰、自然。要让学生多了解英语口语中的不同表达方式，积累丰富的语言素材，从而打下坚实的语言基础。语言知识包括语音、词汇和语法。学生自己的发音不标准，就会造成近音词之间的混淆。学生辨音能力不强就不能正确辨别语流中的语音变化，如同化、强弱读、连读、省音、失去爆破等。语音基础的优劣直接影响学生英语听力水平的高低。

（二）基本的听力技能

听力理解是一种综合能力的体现，不仅需要学生掌握所学语言的知识和文化背景，还要求学生掌握一定的听力技能，如要善于捕捉重要信息、能够找出关键词语等。总的来说，听力要有一定的技巧，要能从所给的文字材料和答案选项等线索中发现一些背景信息，从而缩小范围、确定主题。听的过程中要强化记忆，对所听到的内容进行适当的加工。听完后对所听到的内容进行分析，记住与问题有关的信息，放弃无用的信息。

二、应符合语言发展的阶段性特征

美国语言教育家斯蒂芬·D. 克拉申（Stephen D.Krashen）和特蕾西·D. 特雷尔（Tracy D.Terrel）在研究儿童如何产生第一语言的基础上，区分了语言学习中自然“习得”和“学习”两个不同的概念。

克拉申和特雷尔指出，学习第一语言对于幼儿来说，既是生存的需要，又与他们的现实生活紧密相连。儿童出生以后，生活在一个富有实际意义的环境之中，在日常生活和与父母的交流中，自然“习得”第一语言。“学习”指的是学生有意识地学习第二语言。

克拉申和特雷尔认为，在英语学习中，用“习得”的方式比“学习”的效果好得多。因此，课堂环境应该尽量接近学生的实际生活。教师应利用学生过去学过的知识，设计和英语学习者文化相近、便于他们理解的教学活动。在介绍新词汇、引进新知识的时候，教师要尽可能结合周围实际环境。

克拉申和特雷尔进而说明，语言发展是阶段性的，由简而繁，逐步提高。

第一阶段，教师在课堂上和学生自然地谈话，使用基本的词汇和句型，并且突出、重复重点词汇；教师通过身体动作和视觉提示——如图片、实物等，帮助学生理解，只要求学生能够听懂和执行简短的英语指令，作出非语言性的反应。许多学生在开口之前要经过一个“沉默”的阶段，这是正常的。在这个时候，教师要有耐心，不要催逼。

第二阶段，教师自然地和学生谈话，选择使用简单的词汇和句子结构，继续注意学生是否能够对简单的英语指令作出正确的反应。

第三阶段，教师使用自然、简单的语言与学生谈话，用以“how”起首的特殊疑问句提问，要求学生用短语或完整的句子作解释，表达自己的意见。教师应鼓励学生在实际生活中用英语表达思想、与人交流。

第四阶段，教师可以继续使用直观教具，强化重点词汇。同时，教师可以选择一个题目或要求学生描绘一个情景，引导学生使用英语。在这个阶段，学生应能用英语随意交谈，广泛参加社交活动，并能在学术会议上用流利的英语答辩和讨论问题。

因此，教师在教学中绝不能急于求成。小学英语听力教学的内容必须是适合学生的，特别是在用英语组织教学时，课堂用语应由易到难，不能为了显示自己的口语水平而让学生听得云里雾里，也不能认为学生听不懂就干脆用中文组织教学。

第二节　小学英语听力教学的策略

一、小学英语听力教学的方法

（一）词块教学法

语言学家威尔金斯（D.A. Wilkins）对“语法”和“词块”两者进行了比较，得出在学习英语的过程中，如果缺少词块，人与人之间就无法正常进行语言交流的结论。近年来，随着信息技术和机器翻译的不断更新和发展，人们对语言的认识也在发生变化，尤其是信息编码技术，使人们意识到语言交际除了单词和固定短语，人们在交际中使用的70 %的话语都是通过两者相结合的“词块”实现的，词块开始受到人们的关注。

1. 词块的概念

随着英语语言学的持续发展，词块在二语习得中学习和应用的意义更为必要。基于学者各不相同的理解，词块的定义也千差万别，但其本质一样。学者对于词块的定义：20 世纪 70 年代中叶，“词块”这一术语被提出，指能整体储存在人们的脑海中，还可以对其稍加变动以一种预制语块的形式存储，便于语言学习者随时提取和运用。1989 年，英语语言学家威多森（Widdowson）根据自己的理解重新对“词块”定义，即可以用多个词表达语言的一种预制语块。国内对于词块的研究最早在 1999 年，东北师范大学教授杨玉晨提出，词块除了包括预制和半预制两部分，还具有一定的公式。2009 年，陕西西安中学教师王红霞则认为词块即语块、板块、预制短语，不仅以固定还能以半固定的形式存在于人们英语语言学习过程中，对英语语感培养也具有正面影响。2011 年，南京师范大学教授马广惠在总结之前学者提出的词块相关概念的基础上，又结合自己的观点得出词块不仅是由多词构成，还具有自身独立性，同时还可以表示形式和意义，又兼具相应的语法、语篇和语用功能的结论。

2. 词块的分类

（1）聚合词

指形式非常固定，不能任意拆分，单词顺序也不能任意改变，作为一个整体而存在，通常是固定的短语搭配。

（2）习惯表达方式

一般指句子层面，但是形式相对固定并且不能任意更改。包括谚语、格言警句等。

（3）限制性短语

指形式上虽然并不稳定，但却符合语法规则的一种表达形式，通常指口头用语。

（4）句子构造语

指具有很大的灵活性，但可以根据语境进行填充的一种表达形式。

3. 词块教学法的定义

在词块的基础上，产生了词块教学法。词块教学法是以词块为基础，教师在课堂上应用词块教学的一种方法。刘易斯（Lewis）在 1993 年出版的 *The Lexical Approach* 一书中，提出在人们日常语言教学过程中最基础的单位就是词块，除了基础的语法、词汇构成，还包括一些预制语块。句子也不仅是靠语法组织各种单词，还会与提前就编制好的一些积累词块相结合，促进语言输出，语言教学的核心主要是发展学生理解和使用语块的能力。因此，词块对词汇和语法的结合，在课堂上，教师可以直接应用词块教学，培养学生词块的意识。学者也认为词汇的质量对语言学习很重要，词块教学法应用到教学中能够帮助学习者加速词汇学习的效率、保证输出词汇的质量。有学者在其研究中指出，词块教学法不仅与不重视学生交流而重视语法的教学模式不同，还与忽视语法知识注重语言交流的交际法也存在很大差异。词块教学法不仅结合了单词和语法，还突破了交际法与传统教学法的限制，是一种效率更高的教学方法。

简而言之，词块教学法是鼓励学生在语言学习过程中把词块看作最基本的输入单位，并将输入的词块融入不同语篇中，从而习得语言的一种教学方法。

4. 词块教学法在小学英语听力教学中的应用策略

第一，教师要帮助学生树立正确的词块学习意识，认识到词块对英语听力的重要性。教师应充分利用教材资源，根据教学目标合理地将词块教学法应用到小学英语听力教学中。因此，在实际的教学过程中，教师要有效地培养学生的词块意识，激发学生识别和学习词块的兴趣。教师可以利用大量举例、讨论或情境导入的方法对词块进行讲解，进而帮助学生提高对词块的理解能力。其次，教师还应鼓励学生在阅读听力文章时独立标记出课文中所包含的词块，并根据上下文讨论词块的含义和用法。通过这种方式，使学生意识到听力原文中存在大量的词块。

第二，教师应注意在语境中学习词块的重要性。在英语听力教学过程中，教师应注重创设真实有趣的课堂教学情境，要尽可能多地为学生提供词块训练机会，帮助学生掌握词块的意义和用法。因此，教师在英语听力课堂教学过程中，可以要求学生使用他们所学的词块进行造句。教师还可以为学生提供词块，并要求学生与合作伙伴根据原文编造对话。此外，教师还应监督和激励学生在课后尽可能多地接触一些相关的题型，并对其进行练习。这样一方面可以增强学生灵活运用词块的能力，另一方面可以巩固学生已学的词块，进而帮助学生从整体上消化并吸收它们。

第三，教师要帮助学生记忆词块。词块总是出现在整个语篇的重要部分，这表明学生记忆词块的数量越多，对听力内容的理解能力就越强。在实际教学中，教师可以根据词块的分类特征帮助学生建立属于自己的词块语库。以半固定语结构为例，学生可以根据当下情境替换相关词块，最终完成记忆。通过这种方式，学生可以有效地记忆和使用词块，也有助于避免学生通过死记硬背的方式来学习和记忆词块。

第四，在平时的教学过程中，教师应培养学生形成自主学习的好习惯。由于词块学习不是一蹴而就的过程，而教师在学校的授课时间非常有限。因此，引导学生独立学习和强化语言输入是提升英语听力能力的必要条件。在词块教学中，教师不仅要教会学生认识词块，更要传授学生学习词块的方法，帮助学生养成独立识别和积累词块的习惯。教师可以要求学生将自己识别和积累的词块写在笔记本上，方便学生随时从笔记本上复习和检索词块。

（二）情境教学法

1. 情境与情境教学法的概念

（1）情境的概念

《现代汉语词典》将情境解释为：情景、境地，在一定时间内各种情况相对的或结合的境况。《辞海》将情境分为三类：真实的、想象的和暗合的情境。依据刺激性对儿童感觉和思维过程的功效，又可将情境大致分为实体情境、模拟情境、语表情境、想象情境及推理情境。综上可知，情境可以是现实的，也可以是虚拟的，人赋予了情境新的内涵，情境内涵丰富水平取决于情境的价值。

（2）情境教学法的概念

情境教学法是指在课堂教学活动中，由教师以学生的课堂体验为依据，采用画面、声音、文字等丰富多彩的教学手段，营造出适合课堂主题与内容的课堂环境的一种教学模式，并以此诱导学生形成相应的情感感受，从而积极地参加课堂教学互动活动，在学生同教师的交流互动中启迪思想，掌握新知识。

2. 情境教学法的理论基础

任何教学方法都以其背后的教育理论为基础，否则就会成为无本之源。

（1）体验式学习理论

体验式学习理论认为学习活动是以学习者为中心，通过真实或虚拟地经历某件事或过程，并经过主动的思考来获得知识、发展能力、生成情感态度。该学习理论主要基于美国社会心理学家、教育家库柏（D.Kolb）所提出的体验式学习（experimental learning）。体验式学习活动包含认知、感受、理解、领悟、态度以及价值观等多种心理活动，是一种复杂的身心活动。

体验式学习理论认为，所谓有意义的学习应该是一种具有主动性、个性化、实践性、情境性以及反思性的活动过程，所追求的是在这个过程中所获得的全面发展，而不仅仅是知识结构的扩充和技能的习得。

（2）建构主义学习理论

建构主义学习理论研究的是个体如何进行认知的问题。建构主义认为，知识是动态的、发展的、非客观的、内部建构的，个体的认知也就是知识的获得不是通过教师的传授，而是个体在一定的情境即社会文化背景下，借助其他人的帮助（同学或教师），利用必要的学习材料，通过意义建构的方式而获得的。学习过程就是在一定的情境中，借助他人的帮助，通过人际间的互动而实现的意义建构过程。

首先，建构主义认为知识不是静态的、唯一的，而是随着情境不断发展变化的；其次，学生的学习不是被动地接受知识，根据个人的经验背景而是主动地建构知识的过程；“每一个学生都不是空着脑袋走进教室的”，学生在学习新知识发展新能力之前就已经在特定的时空中积攒了独特的经验，构成了独特的个体，因此学习活动势必是以每个学生个体为主体的独特的建构活动；既然学习是以学生为主体的活动，那么在教学中教师自然就是引导者而非主导者；最后，也是最为重要的一点，知识来自个体与情境之间主动的交互建构活动，只是无法脱离情境而抽象地存在。

从以上几方面可以总结出建构主义的教学观，首先是情境教学的重要性，知识是学生与情境进行交互而获得的；其次，重视学生的主动性，只有学生主动地进行意义建构才能获得知识并发展能力；最后，要重视学生的原有经验（包括知识、兴趣、精神态度等），只有在经验的基础上才能建构知识。因此，要让学生在真实的情境中体验学习，才能真正获得有意义的知识，发展智慧和能力。

（3）情境认知学习理论

情境认知学习理论是一种完全不同于认知主义学习理论的另一种学习理论，它批判了认知学派仅仅将学习依赖于规则和信息的描述，仅重视有意识的认知，忽略了文化与物理背景的认知方式。情境认知与学习理论强调：个体心理常常产生于构成、指导和支持认知过程的环境之中，认知过程的本质是由情境决定的，情境是一切认知活动的基础。

情境认知与学习理论和建构主义最大的区别在于其发展后期人类学家的加盟使其从人类学的视角去看待教学问题，强调情境与知识的一体化，强调情境的生活性、实践性和文化性，以及在情境中个体与个体之间的沟通和交流，彼此共享知识经验，侧重于学生个体与情境之间的交互关系，而不仅仅停留在如何使学生从情境中获取知识的单方面维度。

因此，情境认知与学习理论强调的是一种认知的情境性和过程性，只有在与社会文化背景相联系的情境中进行积极的认知体验过程才能获得知识发展认知能力。

3. 情境教学法的原则和功能

(1) 情境教学法的原则

①情感性原则。情境教学法最重要的特征是它既包括了人，也包括了境。情境互动，通过情与境的教育可以调动小学生的情感，丰富他们的情感经历。这种方法要求老师必须找出一个有利于学生身心成长的途径，在轻松愉快的气氛中引导他们形成问题意识，引起他们对问题的注意，在教师精心营造的环境中进行联想与思维，寻得内心深处的情感体验。而教师在评判学习结果时，也不能过于用理性的思维看待，应该注重过程性的体验，采取多样灵活的评价方式，充分尊重学生的个性化情感体验。在情境教学法的作用下，不让学生产生学习的压力，而让学生享受学习的过程，这才是至关重要的。

②自主性原则。学生是课堂的主人，是课堂的主体。情境教学法的关键在于激起学生的学习激情和兴趣爱好，增强学生的学习逻辑思维能力、个体判断力和创新精神。教师在教学活动中饰演的是指导者而不是教学的主体。教师做好正确引导的前提条件是充分掌握学生的特征。从学生的具体情况来看，聆听学生的心灵要求，高度重视学生的主体影响力和教育自主权，互相信任与尊重，才可以拓宽文化教育，互相促进。

③意识和无意识、智力与非智力统一原则。实现情境教学的两个基本条件分别是：无意识调节和补充有意识，情感因素调节和补充理智因素。在教学中，教师应该根据小学生的认知发展规律，更严格地要求自己。教师在课堂教学中，要锻炼学生的创新思维能力，塑造其深入分析的奋斗精神，推动学生获取全面的专业知识。与此同时，教师在教学过程中要高度重视情感、兴趣、动因等非智力因素。这种非智力因素对直觉思维起到极为重要的推动和促进作用。教师在正确引导学生进入情景时，能够给学生积极主动的心理暗示，激起学生的学习兴趣，推动教学过程。教师在课堂教学中必须做到客观与情感的统一，充分发挥学生各个方面的潜力，形成最好的发展趋势。

无意识与意识统一、智力与非智力统一，其实就是一种精神的集中与轻松并存的状态。这时，人的思维在随意驰骋，情感也在随意起伏、暗暗积累，知识也随之增加，这就是情境教学法所要达到的目标。

（2）情境教学法的功能

①平台功能。情境教学法为学生的学习提供了一种高效的舞台，使他们可以在一个宽松快乐的环境中独立地练习，尊重他们的主人地位。不过，尽管教师让学生自己学习，但效果甚微，主要是由当前应试教育的冲击造成的，教师的课堂理念仍没改变，其将课堂看成简单地给学生灌输知识的一种方式，在这样的状况下，学生就只是相对消极的学习接受者。再者，由于学校缺乏能让学生充分发挥的一个开放性的舞台，所以教师的教学课堂也相对闭塞，无法让学生在教学过程中真正地自我发现、自我探索，获得真实的个性化情感体验。而情境教学法的平台功能则可以为学习者提供一种教学情境，使其在特定的情境中去挖掘知识、不断探索，把知识获得的主动权交给学生，使他们能够获得良好的情感体验。

②体验功能。情境教学法能使学生在教师创造的舞台上自由感受课堂情景，丰富自我的情感体验，发展学生的知识和能力、情感态度和价值观。即能使学习者在情境平台上全面感受教育情境，获得丰富的感性认识，从而更高效地掌握知识与能力，培养情感态度和价值观。从认识论的角度看，认知行为也是一个认知过程。人们认知的一般规则是从情感认知逐步提高到合理认知，从具体化到理性认识。教师情境的设计也需要与学生的现实生活密切联系，让学生能更好地认知，使学生投入情境教学中去，从而获得情景交融的体验效果。

③探索功能。情境教学法的探究功能使学生尽情地探究在情境平台上隐藏的知识点，以培养学生的创造精神与实际能力。激发学生的学习兴趣是情境教学法最基本的特点。在这一特点下，教师需要让学生在开放性的情境中尽情探究、拓展思维，产生思想的火花。

情境教学法的探索功能主要体现在三个方面：一是情境的设计有助于学习者更好地掌握并探索学习活动中的关键点，引导学生逐步消化知识；二是学生也可以对教师提供的情境材料发挥自己的想象加以加工，自我解读，在探索中产生自己的真实想法；三是在获得基础知识和基本技能的基础上加以拓展，不能仅局限于课堂这一平台，还可以拓展到社会这一大课堂，鼓励学生大胆探索，勇于开拓创新、发散思维，尊重学生的个性化思维，从而取得更大的成就。

4. 情境教学法在小学英语听力教学中的可行性

从我国学习者的英语听力现状可以看出实施英语听力教学的重要性，但由于升学的压力，教师将课堂上的大部分时间放在阅读、写作等项目上，听力课在总课时中所占的比例总是有限。情境教学法作为一种能在短时间内调动学生学习积极性的现代教学方法，应用在小学英语听力教学中具有一定的可行性。

从理论层面来看，教师采用情境教学法在小学英语教学中通过图画、音乐、角色扮演等方式创建一个个接近实际生活的情境，学生在丰富的活动中进行学习，更能加强学生的情感体验。小学生年龄较小，具有好奇心强、喜爱参与游戏等特点，小学阶段正是培养听力能力的重要时期，将情境教学法应用于小学英语听力教学可以一改往常枯燥的氛围，让学生在真实情境下练习听力，有效提高学生的听力理解能力，避免出现听不懂英语的现象，加深学生对听力材料的理解，学生参与到课堂中会产生自我满足感，有利于学生今后的英语听力学习，同时也增进了教师与学生、学生和学生之间的交流和互动。

从实践层面来看，自儿童教育家李吉林老师将情境教学法应用于小学语文教学中并取得了良好的教学效果后，许多专家和学者也将情境教学法应用于英语教学中，证实情境教学法应用于教学中可以帮助学生提高英语阅读、写作、语法等方面的成绩。由于我国英语教师在应试教育的压力下不过多关注学生听力能力的培养，因此情境教学法在英语听力教学方面的文献很少，但已有文献均能证实将情境教学法应用于英语听力教学中，可以有效地提高小学生的听力能力。

在我国，情境教学法已经成为一种普遍应用的外语教学方法，许多教师将情境教学法广泛地应用到小学英语听力教学中，取得了良好的教学效果。

（三）体验式教学法

1. 体验式教学法的内涵

体验式教学法强调“以学生为中心”的教学理念。体验式教学法强调让学生通过有意义的情景获得学习经验，这种情景是教师根据教学内容创设的教学情景，可分为自然教学情景和人文教学情景两种，运用体验式教学法，激发学生的学习兴趣，并享受参与的愉悦感，达到师生、生生情感上的共鸣，从而提升教学效果。同时，学生的学习愉悦感和学习成就感得到满足，参与的欲望也会加强，课堂上的师生关系也会更加和谐。

体验式教学法不仅能充分发挥学生的学习主体性功能，还重视强化师生课堂互动和教学情景创设。19世纪90年代，随着情景意识的出现，出现了一种兼顾体验式学习实践和认知情景优势的学习理论，即情景学习。教师根据教学主题设置，创造特定教学主题的教学情景。引导学生走进具体的学习环境中去，充分调动学生对课堂内容的求知欲和体验学习内容的迫切心愿，从而达到较好的教学效果。总之，体验式教学法注重以学生为中心开展教学、重视学生情感、强调体验意义的一种教学方法。

2. 体验式教学法的特征

（1）亲历性

体验式教学法强调学生的亲身感悟，即学生必须在实践层面参与某个具体事件或者在心理层面虚拟地“亲身经历”某个具体事件，从事件中习得行为方式或产生心理变化，形成自己的认知。体验式教学法主张让学生从行为或者心理层面参与教学活动，对教学内容进行理解、感悟和认证，通过自身的经验建构知识。

（2）情景性

体验式教学法强调通过有意义的情景获得学习经验，这种情景是教师通过教学内容创设的教学情景，可分为“自然教学情景”和“人文教学情景”两种，“自然教学情景”包括教材、场景、多媒体设备、教具等教学资源；“人文教学情景”包括师生互动、生生互动、教学模拟、教学方式等交际双方的一些关联特征。美国教育学家约翰·杜威（John Dewey）提出思维是由直接经验的情景引起的，并把情景列为教学法的首要因素。真实情景是指人们从事实践活动亲身经历的客观存在的环境。真实情景的创设要求教师尽可能去展现或还原学生的现实生活和教学内容，利用一切教学资源去引发学生的共鸣促使其进行情景体验。体验式教学法提倡学生在亲身经历的体验中，架起学生的已知经验、情感和语言学习之间的桥梁。教师可以通过电教媒体、实物、游戏、音视频、表演等手段去创设教学情景，多种教学手段给教学带来多种选择，但应根据学生的学情选择最适合的教学手段，唤起学生参与的欲望，有效地推进教学进程，取得事半功倍的效果。

（3）主体性

学生是学习的主体，也必然是体验的主体。新课改以来，学生的主体地位明显提高。在体验中，学生将个人的经历与体验的内容结合起来，产生独特的感想，提高思维能力，学会独立自主地思考问题和解决问题，体验成功带来的满足感。要想真正理解主体性，需要注意的有两点：一是体验过程具有主体性。教师不能代替学生的体验过程，也不能将自身的体验结果直接灌输给学生，体验过程是学生主体的体验过程，具有不可替代性；二是体验结果具有主体性。每个人在体验中的感受因人而异，体验结果具有差异性。因此，教师在运用体验式教学法的过程中，必须坚持学生的主体地位，尊重学生个性化的体验结果，保护学生参与体验活动的积极性。

（4）主动性

体验式教学法的主体思想是让学习者在体验中直接获取经验。多数老师的教学思想停留在线下教学可以借助实景场地进行多种实践体验，对于线上教学只停留在师生视频互动交流这一层面，其实学生在线上依然可以进行身临其境的体验，达到情感和实践的双向互动。体验式教学法注重学生的个人体验，即学生需要亲身参与经验获得的过程，让学习者作为学习的主体主动自觉地参与其中。实验证明，如若老师能充分开展课堂活动，给予学生有趣且有效地学习知识的体验环节，学生学习英语的热情就会逐步提升。学生的积极性改变，从被动学习转为主动学习，只有通过学生的内因，调动学生参与性，让他自己去体验，才能使学习效果更佳。学习的积极性离不开学习带来的意义性，学习主体发现生活经验和实践体验所产生的学习意义，从而得到成就感和满足感，对学习产生积极性。

（5）生活性

体验式教学法的生活性强调教育教学要注重学生的生活实际，从真实生活中挖掘教学资源，引导学生体验道德力量。学习与生活不应该是割裂的两部分，而应该是和谐统一的有机整体。所谓“走进校园是学习、走出校园是生活”的想法是荒诞的。教师要善于发现学生生活中值得体验的经历，将课本内容与体验活动有机结合起来，将教材的重点、难点与生活化的实际场景结合起来，使学生在理解课本内容的基础上从社会大课堂中感受善与恶、美与丑、真与假，并在社会交往中获得提升。因此，教师在运用体验式教学法的过程中，必须联系实际生活，从学生出发，关注学生的现实世界和切身体会，创设生活化的教学情境，激发学生的学习兴趣。

(6) 行动性

体验式教学法中“体验”的意义有两种，一种是学习者个人体验进行反思和观察，即内部转换；另一种是将体验的意义概括为符号或概念应用至外延过程中去，使得体验学习产生迁移，即外部迁移。反思观察和应用迁移都是体验的意义，要通过行动来检测和内化，这说明学习需要学习者行动，去经历知识的内涵及外延的变化。

(7) 反思性

体验式学习的核心价值是通过对体验的深度反思来提升我们的认知深度，进而改进我们的行为模式。在体验式学习的三大要素“自主、行动、反思”中，后两者承担了提升认知深度和改进行为模式的重任。体验式教学法强调的是学生自我内化反思，教师需要及时引导反馈学生的体验活动，使学生在体验行动后及时内化成自我经验，总结反思提升应用效果。在教学中，教师也应及时反思，转换师生角色，从学生的角度去考虑教学情景是否贴合学生的生活场景，是否会引起学生情感及心理上的不适，能否紧扣教学内容，能否调动学生的积极性和参与性。在布置体验活动时，教师可以事先扮演学生，去预设学生在活动中可能会出现的问题，尽量去推演可能会在教学时遇到的困境。

3. 体验式教学法的分类

(1) 情境模拟式体验教学

情境模拟式体验教学是指教师根据课堂需求，运用各种策略创设相应的情境，设置角色，引导学生复现事件的主要特征，并从中体验情感，实现情与理的交融，生成新知，从而达到教学目标的教学方法。该教法强调从实践情境中选取片段，重现于课堂或课外活动中，学生在教师设置的虚拟情境中参与体验，情境的设置要具有有效性和简约性，并非所有的内容都需要设置体验情境，切忌舍本逐末。

因此，该教学方法最大的特点是虚拟性、实践性和简约性。情境模拟式体验教学在具体教学实践中的应用较为广泛，如角色扮演、情境短剧、观看录像、模拟演练等都是教师日常教学中较为常见的应用体验式教学法的形式。

(2) 活动实践式体验教学

没有实践活动，就无法实现教学目标。活动实践式体验教学是指教师以组织者、促进者的身份引导学生自主参与实践活动，在活动中发挥独立性、自主性，活跃思维，树立问题意识，提高学习积极性的教学方法。活动的设计要有层级，可分为与教学相关的浅层次活动、与教学相关的中层课内外活动、融汇课内外的深层思维活动。通过对概念的分析可知，实践活动具有可行性、新颖性、启发性的特点。活动实践式体验教学在具体教学实践中的应用较为频繁，如课堂游戏、演讲比赛、辩论赛、实验操作、问题探究等形式都较为常见。

（3）探究求知式体验教学

探究求知式体验教学是指学生自主地发现、探索知识，合作解决难题，并从中获得积极反馈，发现学习乐趣，进而增强学习信心，提高自我效能感，养成良好的思考习惯，逐步学会学习的教学方法。这一教学方法包括树立问题意识、进行独立思考、开展小组合作、探究得出结论四个阶段，强调在教学中坚持“以人为本”，鼓励学生的探究求知精神。该教法最大的特点是质疑求真和合作探究。探究求知式体验教学在具体教学实践中的应用主要体现在课堂教学过程中，如课堂提问、课堂质疑、实验探究等都是其具体体现。

（4）自我提升式体验教学

自我提升式体验教学是指在教师的指导下，学生通过自我体验去激活原有经验，追求更高的学习境界，实现主观世界和客观知识相融合的教学方法。该方法旨在通过激发学生的表现欲，推动学生自主学习、自我指导、自我强化，强调学生的主体地位，激发学生的自我效能，激发学生的学习潜能，提升学生的综合素质。教师在其中为学生创造自主学习的条件，对疑难进行点拨和指引，致力于把学生的附属内驱力转化为认知内驱力，使学生获得成就感和满足感。因此，该教法尤其强调学生的自主性和独立性。自我提升式体验教学在具体教学实践中的应用主要体现在课前预习、成果展示、榜样确立等环节。

（5）情感交流式体验教学

情感教育是完善学生内心和学生品德的重要措施。在教育活动中，体验应该按照学生的情感需求来设计。情感交流式体验教学是指教师在教学过程中，恰当地运用情感因素，实现师生之间、生生之间的情感交互，开发非智力因素，着眼于细微之处，实现学生智力因素与非智力因素的协调互补，达到教书育人目的的教学方法。该教法特别强调情感交流与互通，这种交流与互通既包括学生内部新旧情感体验的相互转换，也包括师生之间、生生之间的情感交流与共鸣。因此，交互性是该教法的显著特征。情感交流式体验教学在具体教学实践中的应用主要体现在创设教学情境、挖掘教学资源等具体环节。

（6）想象拓展式体验教学

想象力是创造性思维的重要组成部分，对于小学生思维的发展具有无可比拟的作用，它比知识本身更重要，在实际教学中有很大的实施空间。想象拓展式体验教学是指教师利用所有可想象的空间，在充分积累表象的基础上，鼓励学生发挥想象力，在想象中生成体验，拓展思维广度，焕发课堂生机的教学方法。该教法较为注重学生平时的积累，教师在日常教学中需要引导学生主动积累表象，在此基础上展开联想和想象，探寻教材中蕴含的教育思想。想象拓展式体验教学在具体教学实践中的应用主要采用教师展示图片、讲解词语引导学生联想的形式，在图片想象中，要尤为重视教材中的插图。

（7）审美追求式体验教学

审美教育是先进性和时代性的有机统一，是思想性与艺术性的高度统一。美育是一种精神上的需要，也是实施素质教育的内容之一，这里的“美”指的是语言美、自然美、艺术美和行为美。审美追求式体验教学是指教师在教学过程中挖掘审美对象，激发学生的审美需要，树立学生的审美意识和促进学生人格完善的教学方法。审美追求式体验教学下的课堂是审美教育的重要阵地，体现在教育过程中的方方面面，对人产生潜移默化的影响。因此，该教法具有全面性、潜隐性的特点。审美追求式体验教学贯穿具体教学实践的全过程，在课堂活动中可通过多媒体展示录音录像、语言讲述经典故事、角色代入和研学旅行等方式开展教学。

4. 体验式教学法在小学英语听力教学中的应用策略

（1）明确听力学习目标

在现阶段的教育教学中，体验式教学法是较为常用的一种教学手段，这一教学方式的开展不仅可以帮助学生更好地体会英语学习中的奥妙，还能充分调动学生的课堂参与积极性，有利于整个教学实效的提升。然而，一些教师在应用这一教学方法时，过于注重提升学生的参与度，而忽略了明确教学目标，导致学生在探究过程中出现了与教学目标不符的行为，给正常的课堂秩序带来了直接的影响。为此，教师要想发挥体验式教学的真正效用，在教学过程中必须注重优化这一问题，激活学生英语学习的语境，明确学生的听力学习目标，为小学英语听力课堂的高效开展奠定良好的开端。

（2）灵活转化听力内容

体验式教学法的关键在于创设学生熟悉或亲身经历过的情境，使其可以在亲历或重复经历的过程中完成学习，并取得理想的学习效果。小学生的生活经验相对较少，如果学生对教师创设的情境不熟悉，那么很难发挥体验式教学法的作用。所以，小学英语教师为了有效运用体验式教学法，需要从学生的生活经验出发，选择适合的英语听力内容，如果英语听力内容与学生的生活经验与认知相脱离，那么需要尽可能地将其转化为学生熟悉的内容，确保其能够为学生带来熟悉、真实的英语听力训练体验。

（3）重视学生的英语课堂体验

众所周知，英语是一门实践性较强的语言类科目，听力板块作为小学英语教学中的重要部分，其教学的有效性会直接影响学生的英语综合素养。但是，在实际英语教学中，部分教师开展听力教学时，仅是引导学生机械地听完相关的听力材料，然后回答问题。学生在学习英语听力内容的过程中，对文本材料的具体内容和表达思想了解不透彻，教师一味地引导和提问反而会让学生产生惧学、厌学的心理，逐渐降低在英语课堂中的融入度，学习效率也得不到有效提升，致使整个英语教学质量下降，无法实现培养和提升学生英语素养的教学目标。

为此，教师想要提升教学实效，帮助学生树立更好的学习意识，就要从学生的英语体验入手，帮助学生正确认识听力学习的重要性以及积极影响。

（4）设计趣味性强的活动

小学生活泼好动，对各种各样的学习活动有着浓厚兴趣，假如让学生体验到英语听力学习原本就是一种趣味性很强的活动，就会让学生的注意力得到长时间的集中和保持，从而在学习活动当中获得良好的效果。在体验式教学和小学英语听力教学有机结合的过程中，为了提升整体的教学质量，教师应该根据学生的喜好特征设计趣味性的英语听力学习活动，把活动作为有效载体，愉悦学生的情感。

值得一提的是，教师可以在听力活动当中精心设计任务型游戏活动，指导学生依托听力与对话，把文本当中的内容形象地烘托为生活场景，把听力训练和口语表达练习结合起来，增强学生的学习热情，让学生在听力学习当中始终保持愉悦积极的情感。

二、小学英语听力教学的对策

（一）注重学生的主体地位

学生应该是学习的主体，英语听力教学模式要求教师提前给学生布置英语听力任务，在不同的阶段设定不同而又明确的学习目标。学生在传统的英语听力教学模式下处于被动地接受教师所传授的知识的状态，他们在英语听力课堂活动中基本上也是被动地去听，很少去主动地思考，这很难达到小学英语听力训练的目的。这种传统的英语听力教学方式违背了“以学生为中心”的建构主义教学理念，忽视了学生主动探索知识能力的培养。教师在建构主义理论的指导下主要就是指导学生、帮助学生解决遇到的难题，时常激励学生，帮助学生逐渐建立自信心。

教师在教学的过程中要充分发挥学生的积极性、激发学生的创造性，把学生从被动逐渐转变为主动学习英语的状态，从而提高学生的英语听力水平，进而获得更好的教学效果。作为一名教师只有丰富自己的知识储备、更新自己的教育理念、树立终身学习的思想才能不断地进步。

此外，教师不仅要关注学生的学习，也要关注学生的情绪状态，善于观察学生的心理变化，及时发现并帮助学生摆脱焦虑，逐渐摆脱心理障碍。无论学生成绩如何、性格如何，教师都应该站在学生的角度去思考，和学生多沟通交流，真心地去爱护他们，不断地了解学生，这对教师英语听力教学活动的开展、听力教学的实施等方面都有积极的影响。

（二）注重听力训练的设计

小学英语听力教学在教学活动中占据着重要的地位，教师在对学生进行英语听力教学时缺乏专门的听力训练。首先，教师应该对学生进行专门的英语听力练习，教师应该根据听力材料的内容向学生抛出相关的问题，给学生时间去思考，让学生的注意力集中到英语听力材料上来，让学生带着问题去听、去思考。其次，教师不能只单纯地练习教材上的听力内容，应该根据学生的实际水平和身心发展特点等选择辅助材料来训练学生的英语技能。最后，教师既要对学生进行专门的英语听力训练，也要合理分配英语听力的训练时间，让学生在英语听力教学中感受到英语听力学习的乐趣。

（三）丰富听力教学的评价方式

教师在不同的听力阶段应该采用多样的听力教学评价，主要是为了提高学生学习英语听力的信心。教师应该采用多样化的听力教学评价方式对学生的听力策略、理解能力进行评估。多样化的评价方式包括总结性和形成性评价相结合、自我评价和同伴互评相结合，这种评价方式有利于教师了解学生的学习情况。每个学生都有自己的独特之处，作为教育者应该因材施教，对于不同学生在英语听力课堂上的不同表现给予不同的评价。

学生之间存在着群体差异和个体差异，这是人身心发展的规律之一，教育者应该有针对性地进行英语听力教学，不同的学生应采用不同的评价方式和标准。过去传统的教学评价多以学生的成绩为标准，只看结果不关注学生学习的过程已经不能满足当代的课堂需求，当今社会的教学评价标准应该多元化。教师的一句话、一个眼神都会对学生产生影响，小学生处于比较敏感的阶段，自尊心比较强，教师对学生的态度和评价直接影响学生的身心发展，教师应该向学生敞开心扉，关注学生的身心发展。作为教育者应该坚信每个学生身上都有闪光点，对学生应以表扬激励为主，多多鼓励学生。

第三章　小学英语口语教学策略

核心素养背景下，要求小学生乐学、爱学，并主动借助英语表达自己内心的真实想法。想要教好小学生的英语口语，首先要创造出一个良好的英语口语课堂氛围，开展多种有趣的英语口语主题活动，全方面提升小学生的英语口语交际能力。本章分为小学英语口语教学的要求、小学英语口语教学的策略两部分。

第一节　小学英语口语教学的要求

一、对英语教师的素质要求

英语教师作为英语教学活动的组织者、指导者和管理者，是学生学习英语口语的示范者和帮助者，是实现英语教学目标的根本。新课标在实施的同时对教师的素质，特别是英语教师的课堂组织能力和英语应用能力提出了更高的要求，要求教师集各种角色于一身。

就我国的实际来说，我国传统教育存在“两强两弱”的特点：①基础知识的传授和应试能力的培养较强；②创新能力和实践能力的培养比较薄弱。这种特征无疑也体现在英语教师身上。传统的英语教学将英语作为知识来传授，以掌握语法规则为目的，忽视语言能力的培养。因而学生在使用语言时缺乏灵活性，缺乏真实情境中的交际能力，在真实的语境中不能灵活地使用英语。这就要求英语教师要善于通过创设生活情境来组织课堂活动，鼓励学生主动参与，让学生在具体的生活情景中学习英语。

随着信息技术的迅速发展，英语教学活动中的情境对话也更多地借助于现代信息技术。这就要求英语教师能很好地应用多媒体组合教学，结合已有的教学经验，体会、寻找现代信息技术与英语口语活动的最佳结合点，构建适合小学生英语口语活动的操作方案，设计主题英语口语活动，使得真实的教学素材既丰富多彩又生动形象，为学生提供身临其境的感性替代经验。要鼓励学生多开口，多与老师或同学交流交际，用英语表达自己的思想和感受，达到掌握知识、培养技能的目的；要使学生想说乐说。

另外，英语教师还必须具备一定的与教学有关的语言、文化、文学的修养和造诣，特别是对英语的课堂语言的使用能力。教师的英语实践能力既能为学生提供示范，又能为课堂教学的交际化提供可靠保障，在课堂内外充分展示外语的工具性。

二、成功英语口语教学的要素

小学英语教学的重点是帮助孩子成为语言学习者。包括建立自信；为英语学习提供动机；鼓励孩子用他们所能的方式（模仿、动作、关键词、图画等）来交际；培养学生对语言的支配感；鼓励学生将语言当成沟通的重要工具；向学生展示英语是有趣的；在一个低焦虑、无威胁的环境中让学生体验和感受大量的自然的英语。成功的英语口语教学活动应包括以下主要因素。

①让学生说英语是口语课最重要的目标。对于学生来说，开口讲英语的机会的多少是评价英语口语教学成功与否的一个关键。

②学生的参与应该是英语口语教学设计首先要考虑的因素。

③针对小学生的生理和心理特点及需求，小学英语课程的目标首先是激发学生学习英语的兴趣，使他们喜欢学英语，喜欢上英语课，喜欢用英语进行活动。

④小学英语口语教学中，要考虑学生的个性差异，同时要考虑学生实际的英语水平，因材施教。教师要充分了解学生，根据学生不同的性格特点采取不同的方式，有的放矢地进行教学，培养和提高学生的英语口语表达能力。

第二节 小学英语口语教学的策略

一、小学英语口语教学的方法

（一）游戏教学法

1．游戏教学法的理论基础

（1）内驱力理论

在心理学中，驱使人们从事特定活动、实现特定目标或采取行动以满足特定需求的意图、愿望或信念称为动机。认知的驱动力是一种来自学习者自身需求的内部动机，在英语学习上学生所具有的内驱力，是学生在自身需要的基础之上对英语学习产生的内部推动作用，每位学生的自身需要可能会不同，因此每个个体产生的内驱力也不同，同时强弱也不同。当学生仅仅需要知识时，内驱力来源于知识、责任，这种动机驱动的学习会让学习者感到疲惫、无味；当学生的内驱力来自求知欲和好奇心时，学习过程则是一个充满动力的探究过程。在游戏教学过程中，因为有求知欲和好奇心的驱动，学生会主动探究，发现自己的能力，建立学习自信心，从而可以取得相应的成绩，因此会更加坚定游戏的信念，最终使得学习者继续学习的信念反复被强化。

（2）建构主义理论

建构主义理论的产生与发展来自多方面的思想汇聚，其中有瑞士儿童心理学家让·皮亚杰(Jean Piaget)的认知发展阶段理论，这一理论将认知结构看作是处于变化和建构之中的。美国心理学家杰罗姆·布鲁纳(Jerome Seymour Bruner)的发现学习理论，认为学生应当是主动地去探索发现，进而进行学习。著名心理学家维果茨基（Lev Vygotsky）的文化历史发展理论，在维果茨基看来，学习应该是在社会环境下进行互动的过程，学生将这些互动通过教育、劳动等方式转化为内部心理活动。建构主义将学习看作是学生内在的心理过程的动态建构，学习者的学习过程并不是单纯地将外在于人体的知识机械地搬运到自身的记忆中，而是使用自身先前已经具有的知识结构与外界进行互动，在这个互动的过程中将知识与本身已有的经验结合起来形成新知识。

学生是带着先前经验进教室的，教师要帮助学生从他们已经具有的经验中，通过学习“生长”出新的经验和知识。建构主义理论认为，学习应当是一个在特定环境中，通过与人沟通交流主动建构知识的过程，因此教师需要为学生创建学习环境，让学生通过动手操作、协同交流等，有意义地建构新的知识。

（3）人本主义理论

美国社会心理学家亚伯拉罕·马斯洛（Abraham H.Maslow）提出的人本主义学习理论认为，学习应当以学习者的根本立场为起点。真正的学习不是按照德国心理学家赫尔曼·艾宾浩斯(Hermann Ebbinghaus)的遗忘曲线进行无意义的背诵学习，而应当是学习对学习者本身具有意义的材料。人本主义理论重点探究怎样为学生创建出一个良好的学习环境，能够使学生从自身的角度来感知、体会世界，做到自我发展、自我重视，最终达到自我实现的境界。教与学必须以学习者的体验为中心，同时有机结合学生在学习中的兴趣及需求。与此同时，教师也要创建一个真诚的心理氛围，因为教学对于学习者来说，在精神层面的活动也不可忽略。

2. 游戏教学法的实施理念

（1）民主平等的师生关系

游戏教学中要遵循的首要理念就是师生关系的民主平等。师生关系会影响到学生的人际交往、情感生活、班级参与和学业行为等，因此在游戏教学中要创设平等的教学氛围，实现师生之间良好的对话，使二者共同作为游戏者参与到课堂游戏中。对于传统的教学方法而言，教师作为课堂的主导者，对课堂拥有绝对的权威，可以把自己的观点强行施加给学生，学生的思维发展因此受到压制。在实施游戏教学的过程中，教师要做到不以身份压制学生，师生之间平等地交流对话，教师要学会倾听，尊重学生的观点，学生首先被接纳，才会愿意接纳老师的意见。在这样民主平等的环境中，教师要放下固有的“教师为尊”的观念，与学生建立深厚的友谊，进行有效的沟通交流，共享知识经验。

（2）抛弃严格的计划

教师在课前都需要严密计划每一节课的实施，而且要严格控制每个知识点讲解的时间，讲解方法要事先构思，以保证一节课能在规定的时间里上好、上完。但是，在游戏教学实施的过程中，教师必须抛弃严格的计划，不能对每个环节都加以严格的时间控制，要给学生尝试、犯错的空间。因为在这一过程中，学习者每个时刻的动机都会有所变化，教师在设计游戏教学时要考虑到这一点，做好充分应对的准备，而不是强行限制意外状况的出现。做到这一点，才不会使游戏课堂变得像传统课堂一样呆板。游戏教学的生命力就在于开放性，开放的环境对于学生来说就是无限的可能，游戏精神首先是一种自由的精神，这是游戏精神最本质的特征。严格的计划会使课堂封闭起来，那么教学就无异于训练。

(3) 转变教材观念

游戏化的核心是关注质量，关注实践过程。过去教师过于注重教材知识的传授，学生也只能单一地接受教材上的知识，而无法在脑海中对教材知识进行建构，导致学生学习到的只是文字构成的平面知识。学生本是学习过程中的主体，却被边缘化。因此，在游戏教学中必须转变教材观念，把教材仅仅当作师生交流学习、知识建构的平台，将学生放到平台的中心，让他们自由生长、自由发展，这样教学中的“人”才会成为教学中的主体。

3. 游戏教学法在小学英语口语教学中的应用原则

(1) 趣味性原则

趣味性是游戏最为突出的特点之一，为了放松自己，许多学生钟爱游戏带来的趣味性体验。美国心理学家杰罗姆·布鲁纳(Jerome Seymour Bruner)指出：学生对所学材料有内在的兴趣是最佳的学习动因。在教学过程中，教师对于知识的传递形式也应更加多元。尤其是在小学英语口语教学中，如果教授方式较为单一，完成教学任务的目的性和功利性较强，学生极易感到单调乏味，产生懈怠心理，无法高度配合教学活动，甚至激起其逆反心理。为了避免此类现象的发生，就要使课堂带有趣味性，显然，游戏是一种很好的增强课堂趣味性、活跃气氛的方式。

教师在进行游戏化教学设计时，学生对口语学习的较强烈的畏难情绪也要被纳入考虑范围，将教学内容融入游戏当中，设置不同难度的、有挑战性的游戏，利用好学生的兴趣点，如果忽略了学生的因素，教学是无法取得理想效果的。因此，课堂游戏的设置应当能够激发学生对学习内容的兴趣，促使学生积极地去提问、发言、思考和互动参与，这样才能逐步培养其英语口语能力。

(2) 创新性原则

游戏是教师在课堂内选择的一种教学手段，也是许多教师在课堂中采取的形式，所以选择何种游戏、可以产生什么样的效果、学生是否对此感兴趣，都应该是教师选择教学游戏时所需要考虑的问题。如果一味使用过于简单或者重复频率较高的游戏，缺乏创新性，也会使学生感到乏味。因而，教师要在设计活动时，保证教学游戏的新颖独特，将现有游戏灵活变换玩法，或者创造出多种多样的新游戏，吸引学生的兴趣，使学生乐于参与其中，抵消掉部分学生对学习的畏难情绪。如经典的拍卡片游戏，以往的游戏规则是学生说出单词并拍相应卡片或者边拍边说，对这个游戏长时间的接触已经无法再吊起学生的胃口，但是我们也可以“旧瓶装新酒”，创新游戏规则和玩法，让学生两人一组，教师随机抽出两张卡片，一人任意说出一张卡片上的词或句子，另一人拍相应卡片并重复。诸如此类的小游戏再配合当堂课教学内容的情境，很容易吸引学生乐此不疲地加入。

（3）目的性原则

游戏因为可以作为相关课堂知识的载体被广泛运用于课堂教学之中，也可以丰富学生的认知，为后续的教学内容搭建“脚手架”。因此，在设计与选择教学游戏时，教师要考虑到该游戏是为了体现哪些教学目标、让学生学到哪些知识、可以与哪些内容建立连接，而不是为了游戏而游戏，或者游戏与课堂教学内容“两张皮”。

游戏要与教学目标相结合，游戏的设计和开展都要贯穿主题，要紧紧围绕教学内容，突显重难点，实现教学目标。在英语口语游戏教学中，学生经常会出现发音、语法、用词等方面的错误，教师应当及时进行评价或纠正，也可以提示和引导学生自己加以改正或其他同学来参与协助，牢记游戏的根本目的是为教学服务。同时也应当尊重学生身心发展的规律和阶段，借此来确定游戏的内容和形式，通过游戏的手段，让学生获取知识的过程更快乐，同时提高学生相关的观察、分析、归纳、类比及交往等能力。

（4）可操作性原则

课堂应当是气氛和谐融洽的、互动开放的，所以教师在开展教学游戏时，不必一成不变地固守游戏规则和形式，可以根据课堂实际情况进行相应的调整，但是一定要提前向学生说明游戏的规则，合理分配游戏时间，增设或减少游戏环节，把握整体课堂节奏，不能因为学生过于留恋某个环节而拖沓进度。在选择和设计游戏时，要注意其可操作性，避免由于过于追求趣味性或课堂效果而导致学生无法理解规则、难以操作、课堂气氛过于热烈等难以操控的情况，教师应当充分掌握此环节，使整个环节有序推进。

(5) 参与性原则

促进学生全面参与是实现有效教学的保证。新课程理念倡导面向全体学生，注重体验参与的过程，教师在设计游戏时应合理设定任务难度，以学生的日常生活或经验体验为背景，激发全体学生的参与热情，有了学生的参与互动，课堂也由原本的教师单向输出转变成师生互动、生生互动。因此，教师在游戏设计上要尽量做到全员皆可参与，难易程度也要拉开梯度，尤其是那种需要学生相互协作配合的游戏，要力求全员参与，也可以在小组之间开展竞赛比拼，使全体学生都有自我展示和为团队赢得荣誉的机会。这样既可以巩固知识、操练口语，又可以培养学生的集体荣誉感和团队协作精神。在游戏过程中，教师也应确保每位学生都能得到平等的参与机会，尽量随机选择参与者，同时对于学困生或出错的学生也应当给予及时的帮助和纠正。

(6) 奖励多样性原则

在游戏中，学生完成任务能够获得相应的奖励，奖励形式也应当多样化。有的学生喜欢在游戏中获取道具奖励，有的学生需要结束后鼓励的话语，有的学生则喜欢积分或者小贴纸奖励。学生的需求各有不同，教师针对不同学生的奖励方式也应多样化，以便激发学生的参与度和兴趣。在条件允许的情况下，也可以让学生参与游戏奖励规则的制定，满足学生需要的同时，也能减轻教师的工作量。学生有了自己的期待，更有利于激发自身内在的积极性和主动性。

（二）全身反应法

1. 全身反应法的基本理念

全身反应法是20世纪60年代美国心理学教授詹姆士·阿歇尔（James Asher）提出的第二语言教学方法。该方法强调将动作行为和语言联系在一起，通过身体动作教授语言。

全身反应法认为，成功的外语习得和幼儿习得母语有相似的地方。在幼儿学习母语时，他们最初是通过动作对父母的指令做出反应，幼儿在学会说话前已能听懂大人的指令，如“张开嘴”“指指头”“坐过来”，这时的幼儿不能作出回答，但是会做出相应的肢体动作，成人根据这些肢体动作判断幼儿是否理解语句，所以语言存在一个只听不说的“沉默期”。阿歇尔认为婴儿在试图说话以前就已经对人们说的话有了理解，一旦婴儿内化了一幅相当复杂的语言运用地图，他们的语言功能就会被释放出来。因此，一个人想要习得一种语言，首先要掌握对该语言的理解，随着理解的深入，就会自发准备好做出语言的表达。因此，全身反应法强调首先培养学习者的听力能力，学习者只有在对输入的内容有了一定理解的基础上，才会自然而然地开口说话。

使用这种教学法时，教师先发出配合动作的指令，用这种方式让学生理解教师发出指令的内容，起到引导和示范的作用。然后让学生模仿动作，再自然而然地进行语言输出，以此达到语言学习的目的。在这个过程中，由于全身反应法的教学特色是加入肢体动作，使得教学内容更具有直观性，课堂活动也增加了趣味性。在教学过程中，降低了学习者的焦虑程度，让学习者在轻松愉悦的氛围中学习目的语。

全身反应法要求教师使用目的语教学，打造沉浸式语言环境。教学内容选取有意义的语言材料，教学重点为轻形式、重表达。

2. 全身反应法的特征分析

全身反应教学法对于学生的听力和理解更加注重。首先就是对于学生聆听和理解能力的培养，其次才要求学生使用口语表达。学生应当通过语言描述及相关肢体动作来提高自身对于语言的理解能力。这一类的身体动作指令由教师发出及控制。学生接收到指令后，再做出相对应的动作，从而使自身去感受、理解、掌握、运用语言。教师应当允许和鼓励学生课堂发言，不得逼迫、强制学生进行发言。

就学习知识和掌握知识的渠道方法而言，每个学生都有不同的优点和缺点。例如，在接收外界消息方面，有部分学生擅长用听觉去了解，这样对于他们而言学习效果较好，能够做到一听就懂。有部分学生的视觉更加灵敏，大部分事件和看过的知识点能够过目不忘。在表述观点方面，也同样存在各式各样的差异。所以，全身反应教学法侧重刺激包括听觉、视觉、触觉在内的多种感官在学习中发挥作用。另一方面，全身反应教学法对于英语教学也有很大的帮助，这种方法可以轻易调动学生对于学习的积极性。如果再加以适当的阅读训练，能够较好地提升学生学习英语的兴趣和英语水平。

全身反应教学法中提到，学习一门语言不应当只是单纯的会读、会说，而是需要把教师发出的指令与相应的肢体动作结合，充分理解体会语言所表达的含义，再进行相应的反馈。所以，教师对于语言知识的传授，应当将重点放在学生对于语言词汇理解的基础上，其教学过程不可颠倒。从老师发出指令到学生接收指令，这其中还有很多的阶段。例如，认知理解语言的含义、肢体语言的解读理解、语言及对应动作相结合的过程。在教授语言含义及理解运用的过程中，教师注重动作对语言含义的阐释，学生思考动作内容和理解语言含义。教授语言的形式有很多种，而全身反应教学法是一种能够令学生愉快接受，且无抵抗心理的教学方式，教师与学生之间应保持良好的沟通环境，减轻学生对于学习的心理压力，寓教于乐。

3. 全身反应法的教学原则

(1) 着重培养学习者的听说能力

全身反应法最显著的特征是先听语言、观察行为，再对动作行为作出反馈，进而开口进行语言表达。教学过程中，教师是示范者的角色，教师带领学生用肢体语言一起完成指令。相比于第一语言的学习，教师在教学过程中充当“母亲”的角色，学生需仔细聆听指令并做出肢体语言给予教师反馈。教学过程中同时调动学生的视觉、听觉和触觉。由“听”到“做”要经历四个阶段。第一阶段是听语言，要听教师的语言。第二阶段是观行为，要观察教师的行为。第三阶段是学动作，学习并表现动作。第四阶段是懂语义，通过动作表现内化语言意义。教师在教学过程中先自己做动作，给学生听和想的时间。再带动学生做动作，引导学生在做动作中思考语义，学生能完全自主表达动作后，再引导学生边说边做。此原则下的具体教学步骤：一是教师说出指令并做出动作，学生只需听。二是教师说出指令并做出动作，学生听，然后模仿教师做出同样的动作。三是教师说出指令不做动作，学生根据记忆做出教师之前做的动作。四是教师说出指令不做动作，学生说出指令并配合动作。五是学生独立说出指令并配合完成动作。

课堂整体分为两个阶段，“先听后说”和“做说同步”。课堂开始阶段采用“先听后说”的原则，吸引学习者注意力，缓解学习者的焦虑。课中阶段采用“做说同步”的原则，将语言信息和肢体动作建立联系，从短时记忆进入长时记忆，注重语言输出，弥补学生表达能力上的不足。

(2) 教师教学语言以祈使句为主

祈使句是表示祈使语气，用来要求别人做什么和不做什么的句子。陈述句在交流中限于学生当下的理解，无法进入长时记忆，左脑的批判性思维会自动将陈述句界定为噪声。“阿拉斯加是最近才加入美国的，阿拉斯加的高速公路系统从道森克里克延伸至1.532千米。”如果没有翻译，这一地理解释对于语言学习者没有任何意义。但教师若采用悬挂地图，并让学生指出地点，画出具体长度的方式，学生会很容易理解。指令性语言具备功能性，语言配合动作就会增加趣味性，促使语言内容内化进入长时记忆。

祈使句是每一个人在幼儿时期接触最多的句式，父母与孩子的对话以祈使句为主。例如，“摸摸头”“拿过来”“别碰”等。在课堂中使用祈使句，方便学生理解，也使学生可以更快地接受教师语言。同时，教师的指令性语言可以使学生明确每个环节该做什么。全身反应法的一大特点是发出指令，而指令性语言绝大多数也是以祈使句为主。

祈使句不仅包含“请读一下”“写下来”等简单指令语，还包含双指示祈使句。例如，教师指令语中有“我们来看一下这个字怎么写”，该指令可分为前后两部分，前一句“看一下”具有提醒注意的作用，可以吸引学生的注意，使学生跟上教师思路进入此环节中来。后半句“怎么写”是真正的行为指向，向学生抛出问题，引发学生的思考。

(3) 对学生的错误采取宽容的态度

教师为了树立学生的自信心、培养学生的兴趣，对学生的错误要采取宽容的态度，只纠正一些较大的错误，同时也要注意纠正的方法，不要让学生产生压力和挫败感，并注意纠正时的语言。例如，学生回答错误时，教师给出答案并提示“你觉得这样怎么样”，而不是直接告诉学生这样说、这样写是错的。学生回答得片面不完整时，教师给予提示“还可以怎么说”“如果加上什么会更好”。针对学生常犯的错误，为避免形成化石化现象，可以设计不同的操练形式，重复训练。避免同一练习形式反复操练，使学生停留在同一字、词或句子上。教师应鼓励学生自己发现错误，学生自己发现并更改后，教师及时进行鼓励。教师在与学生的互动中应避免所有批判性反应。无论年龄多大的学习者，学习中都存在自我批评，额外的批评不仅不会成为学习者的学习动力，还会让他们更加焦虑。教师需要尽量避免负面的评论和表情，宽容的态度可以促使学生获得低程度的情感焦虑，低程度的情感焦虑有助于学生集中注意力，使得习得的发生更加迅速，从而快速提升学习者的语言能力。

(4) 营造轻松愉悦的课堂氛围

美国语言教育家斯蒂芬·克拉申(Stephen D. Krashen)的语言输入假设包含了“可理解输入”和“低程度情感焦虑”。全身反应法的原则迎合了克拉申的假设。学习者的情感焦虑程度对学习效果有较大的影响，只有在学习者情感焦虑程度低的情况下，输入才会有效。全身反应法要求教师通过丰富的肢体动作、创造性的课堂活动、多种形式的操练模式营造轻松愉悦的课堂氛围。教师在课堂导入部分使用夸张的肢体动作与学生打招呼，会拉近师生间的距离，减少学生的压力。以故事线贯穿整节课堂，吸引学生的注意力，并让学生投入其中，产生并非语言学习者而是故事情节中的一员的身份转变。课中通过角色扮演、舞蹈等需要动作配合的操练，使学生更容易舒展肢体、放开自己，在轻松的氛围中乐于表达自己。课中通过游戏活动环节寓教于乐，在游戏活动中增强学生学习的信心。

4. 全身反应法在小学英语口语教学中的应用

(1) 全身反应法在小学英语口语教学中的应用环节

为了更好地研究全身反应教学法在小学英语口语教学中的应用情况，将全身反应法设计在小学英语口语教学环节当中。结合全身反应教学法语言由右脑传输的原则，让授课内容从右脑输入并做出身体回应，学生配合动作理解指令，在实施环节始终以“听、学、做”为教学核心，在整个学习过程中，老师发出指令—学生理解指令—教师辅以动作—学生模仿动作—学生跟读指令并辅以动作—学生说出指令配合动作的过程，完成语言的输入与输出。同时鼓励学生开口说英语，允许学生犯错。教学设计如下。

①课堂呈现活动。课堂呈现活动对一节课的成功起着至关重要的作用，在课堂一开始就抓住学生的注意力有利于学生的课堂输出。在课堂呈现环节，要求教师在表达时语言要清楚，教学活动要灵活多样，因此在使用全身反应法进行教学活动时可以参照以下方法。

第一，使用感官直观呈现的方式。教师可以运用图片、幻灯片等电子多媒体设备介绍即将新授的语言项目。第二，使用身体姿势语进行呈现。教师应该合理且大胆地利用自己的身体语言，这样不仅能激发学生对学习的兴趣，吸引学生的注意力，还能增强教学语言的效果。第三，教师还可以运用情景呈现的教学方式。在此呈现方式中，教师需要给学生创设一个切合实际的、真实有效的语言环境，把学生置于仿真的语言情景中，为学生完成全身反应法的教学活动提供场所。

同时，我们也可以使用儿歌呈现。尤其在小学阶段，课堂的教育教学不能过于严肃，所以利用儿歌的方式进行全身反应法的表达，可以让学生对整个活跃的课堂气氛有一定反应。而且在音乐当中结合手势和身体的动作，学生对这些内容的了解会更加透彻。

②课堂练习活动。课堂练习活动环节是在新语言项目呈现后所进行的活动，主要目的是训练学生的听说读写技能。此环节的练习与呈现阶段的练习活动是存在区别的。课堂练习活动的内容不只是单纯地针对简单的单词与词组，而是要将新的所学习的语言项目结合，形成一个完整的语句甚至是语篇层次上的练习。并且要针对不同层次的练习，采用形式多样的身体活动和循序渐进的练习活动，让学生不断地重复以及模仿教师的语言进行练习。

教师可以采用控制练习方法。控制练习是指学生所说的话语都完全受到教师的控制。这种练习的方式是在某些动作或语言重复替换的情况下，真正做到举一反三，让学生了解语言项目背后所涉及的语言结构。而且通过这种练习可以让学生对语言内容了解得更加透彻、更为深入。

另外，教师也可以使用半控制练习。中国的应试教育使得小学时期的教育教学还是以填鸭式为主，并未发生较大的变革。因此，摆脱这种传统的以及机械式的教学模式，是全身反应法以基础的“听”“说”为主，提高到“理解”和“应用”层面的变化，这一形式叫半控制练习，半控制练习的典型形式有改变句子的练习以及根据课堂所学内容与同伴进行练习等活动方式。

③课堂运用活动。紧接在课堂练习环节后的就是运用环节，该活动是在练习活动结束之后进行的，本质上属于拓展环节，目的是锻炼学生将自己学习到的内容灵活地运用到课堂上预设的情景之中，并且运用时要结合自身真实的生活实际，让学生联系生活经验，会学会用。最后，最为直观的活动就是让学生进行语言交际。学生能够用语言与身边的人交流是学生学习语言的一个重要目的，那么在课堂中如何培养学生的口语交际能力也是一个非常重要的问题。教师也可以将全身

反应教学法更多地运用到“读”和“写”上，让学生进行对话或者是故事的汇编，然后再与自己的同伴进行表演以及语言输出。这样的活动设置可以帮助学生的口语输出，并且在一定程度上可以提高学生的交际能力。

（2）全身反应法在小学英语口语教学中的实施步骤

全身反应教学法提倡老师在教授新知识时，将知识与肢体动作相结合，从而提高学生在课堂上的参与度以及学习兴趣。为了更好地将全身反应教学法应用到课堂中，教学过程的具体实施步骤如下。

①课堂导入。首先，教师以趣味性比较强的教学活动进行课堂预热和课堂导入，进而在课堂的初期就吸引学生的注意力以保持学生的学习兴趣和参与度。在此环节教师可以采取游戏、歌曲等有趣的方式进行课堂导入。

进行课堂导入之后，教师采用直观的方式呈现学习内容，并做出相应的动作。教师可以采用卡片或者实物的方式进行学习内容呈现。此目的是通过视觉的冲击引起学生的注意力，进而保持学生的学习兴趣。

②课堂新授。教师将教学内容呈现后，接下来将进行内容新授环节。教师首先说出新教授内容，并做出相应的动作，此刻要求学生跟随老师做出相应的肢体动作，但是不进行语言输出。此目的是让学生通过动作了解新学内容的含义。

接下来是加深学生对动作的记忆。教师首先说出新授内容指令，并做出动作，学生在观看老师的演示后，不要求进行语言输出，但要做出相应的肢体动作。

③口语输出。全身反应法要求学生在足够的理解后再进行口语输出，因此在进行了以上几步骤后，学生要开始自行口语输出。此时，教师说出新授动作指令，但是不向学生展示相应的肢体动作，并且要求学生一边说出指令一边做出相应动作。

最后，学生要进行最后的输出。经过前面几个步骤的学习，学生已经理解了课堂新授内容的含义以及相应的肢体动作，因此此时要求学生独立说出指令并做动作。

（三）任务型教学法

1. 任务型教学法的定义

任务型教学法是一种建立在二语习得理论、认知心理学理论、建构主义理论基础上的教学法。在运用这种教学方法的课堂中，任务占据课堂教学的核心位置，教师发挥自身的主观能动性为学生设计出符合现实交际需要的、具体的、可操作的语言学习任务。同时教师也要尊重学生的主体地位，让学生发挥自身的自主学习能力、团队合作能力，利用合作、活动、交流等方式完成教师设计的任务，在完成任务的过程中，学生的知识储备、认知能力将得到最大限度的调动，学生在完成任务的实践之中习得目的语。

2. 任务型教学法的特点

任务型教学法指导下的语言教学，课堂主体是学生，课堂主线是学生完成一个个连贯的任务，课堂目标是培养学生用目的语交际的能力。任务型教学以任务驱动学生的学习兴趣，以老师引导学生完成任务的方式来达到语言教学的目的。任务型教学法的特点如下。

（1）课堂教学以学习者为中心

“以学习者为中心”是任务型教学法和传统语言教学之间最大的区别。美国语言教育家斯蒂芬·克拉申（Stephen D. Krashen）在其输入假说中就提到一个情感过滤假说，该假说认为学习者在情感上对语言输入采取开放、接受的态度是决定第二语言能成功被习得的重要因素之一。任务型教学法强调学习者在课堂上的主动性和参与性，只有学习者自己愿意去学习，愿意去接受知识，才能实现课堂输入的最大化。而学生的学习积极性和参与性自然少不了教师的正确引导，语言教学过程中，必须是学生处于主体地位，老师处于引导地位，这样才能实现语言输出与输入的可持续性循环。

因此，在任务型教学法指导下的口语课堂，教师要少“说”，并且多去引导学生“说”。教师要为学生提供能够锻炼口语能力的课堂或者课外任务，以此来提高学习者使用目的语的自觉性和主动性。学生的主体地位更体现在教师设计任务书需要考虑的因素上，教师要根据学习者的需求、学习者目前的口语水平、学习者心理因素等来设计任务。只有这样，课堂任务才能尽可能地兼顾每一名学生，课堂参与性才能更加均衡，课堂氛围才会更加活跃，有利于促进师生、生生之间的互动。这样的语言教学才能摆脱传统教学模式的枷锁，更有益于学生对目的语的习得。

（2）课堂教学以“任务”为主线

任务型教学法指导下的语言课堂，其精华之处就在于“任务”，但与此同时，任务型教学课堂的难点也在于“任务”。所以，设计课堂任务对教师来说是一项大工程，教师在设计任务之前不能随心而动，想到什么就布置什么任务，这样的任务是不能够达到教学目的的。教师应该先对学生的兴趣点、课堂教学目标、学生目前口语水平、任务的可行性、任务的价值等各方面进行调查分析，然后再选择和设计任务。

接下来就要把任务贯穿到整个课堂中去，从新课的导入到最后对教学情况的总结，我们都尽量要用任务来进行。整个课堂的任务进行要由简单到复杂，循序渐进。每个任务之间必须环环相扣，在完成任务的过程中，学习者处于两个连续任务之间，既是上一个任务的完成者，又是下一个任务的准备者，而学习者在这个过渡阶段，需要消化在上一个任务中学到的语言知识与技能，并运用到下一个任务环节中，而后在已有水平的基础上实现进一步提升。在完成任务的过程中，学习者的语言水平是在不断提高的，参加任务的积极性也是不断增强的，在活跃的课堂氛围中获得语言知识与技能。课堂最后环节是教师对学生在课堂上的表现进行反馈，并根据实际情况不断改进任务的设置。

(3) 以交际能力的培养为目标

培养学习者的交际能力是大多数语言教学希望达到的最高目标，然而现实是当“教”和“学”两方面都付出了极大的努力时，最终呈现的效果却令人大失所望，根源就是教学方法的偏差，找不到合适的教学方法，语言教学的效率就会大打折扣。任务型教学法经受住实践的考验，到现在为大家所熟知，都证明了该教学法有可取之处。

任务型教学法首先要求学习者在小组互动中完成任务，完成过程中不可避免地需要与其他学习者交流合作，这就在无形之中锻炼了学习者的交际能力。其次，课堂布置的任务都应是贴合实际的，学生在其中学到的知识都能够在日常生活中得到应用，学习者在任务中交际，在交际中强化语言能力。这些都有利于培养学习者的交际能力。

3. 任务型教学法的实施

任务型教学法的实施步骤分为三个阶段：任务前、任务中和任务后。

任务前阶段是课前准备和介绍阶段，主要为后续的教育活动奠定基础。课前，教师需要掌握教材内容，根据课程的教学目标和教学难度设计出同等难度的任务，并从整体上预估各教学环节的教学时间。课堂上，教师通过实物呈现、图像呈现、多媒体播放、提问互动等方式引入课堂主题。之后，教师引导学生识别和整合与任务相关的新单词、短语和句型，利用他们现有的知识，将语言形式应用于他们的任务。教师向每个学生阐释任务的要求时，需要准确、明了，保证每位学生都熟悉任务的内容，以此提高学生的学习兴趣，增添学生完成任务的信心。

任务中阶段是课堂教学的实施阶段，也是任务型教学法实施的中枢阶段。此阶段包括三个部分：任务执行、计划和报告。学生作为课堂活动的主体，应配合老师完成任务，此过程中的任务以对课本的解说和训练展开。教师在设置任务时不仅要考虑知识的传授，也要考虑如何借助任务来培养学生的交际能力。对于相对困难的任务，学生可以借助小组的力量，通过小组协商、交流意见，提高交际能力。教师在这个过程中扮演促成者和协助者的角色，讨论过后，教师还会依据每个小组的讨论结果进行梳理和反馈。

最后进行评估和总结。任务后阶段是课后总结和复习阶段。教师解决学生在完成任务时遇到的问题，并总结本课的知识点。完成本节课的教学后，教师需要及时回顾、反思。首先，对比课前拟定的教学计划，反省教学是否达到了预期的教学目标；回顾执行任务时出现的缺点，并在下一次教学中及时修正。通过学生的作业，教师可以找出学生的不足，并在下一节课中补充相关内容。最后，通过反思，教师在课堂上也将更加专注，能够更加游刃有余地开展和使用任务型教学法。

4.任务型教学法的理论基础

（1）二语习得理论

第二语言习得理论及其研究成果的成熟，对于任务型教学法的发展起到了非常重要的作用。随着第二语言习得规律的不断深入研究，学者认为语言习得的关键不仅仅在于输入和输出，还在于输入和输出过程的意义协商，而意义协商的关键在于互动。互动理论认为完成任务的过程本质上是输入和输出相互交融，推动意义协商的过程。在这个过程中，学习者为了完成任务进行互动，在互动的过程之中习得了第二语言。任务型教学法对于互动、意义协商、输出、内容中心的强调都体现了第二语言教学习得理论的相关观点。

（2）认知心理学理论

认知心理学理论是任务型教学法的第二个理论基础。该理论的主要研究内容是学习过程中学习者的注意力分配、运用语言思维的能力、学习者的创造性等。该理论认为传统的语言活动中，学习者的注意力主要集中在语言形式上，这不利于学生语言能力的全面发展。在基于任务的学习活动中，学习者应该做到注意力分流，把注意力合理地分配到语言理解、语言表达等方面。为了避免学生的注意力过多地分配到形式上，可以设置一些难度较高、所需注意力较多的任务。

任务型教学法和认知心理学理论都强调对于学生综合能力的培养。人的认知活动是一个完整的、不可分割的统一整体，任务也必须是有始有终的、完整的。学习者可以集中注意力，运用目的语去完成任务、解决问题。对于信息接收、加工和输出的过程其实就是学习者运用目的语完成任务的过程。

(3) 建构主义理论

建构主义理论主张以学生为中心，教师在教学活动中起到组织者、帮助者、指挥者、促进者的作用。在教学活动中，为了实现学生对目前所学知识完成意义构建的目的，教师可以借助学习环境要素如情景、协助、会话等充分激发学生的主动性和积极性。激发学习者在完成任务的过程中运用并学习语言是任务型教学法的核心观点。这一核心观点契合了建构主义对于学习本质的认识。

建构主义认为学习的本质是学习者主动进行知识建构而不是被动接受教师传授。任务型教学法主张激活学习者已经具备的知识结构与认知图式。这契合了建构主义认为的学习是新知识与旧知识之间、新经验与旧经验之间的反复双向作用的观点。此外，在教学活动中，任务型教学法主张利用集体讨论、分组活动等形式进行互动过程的意义协商来促进语言习得。这一主张与建构主义的思想是一致的。

5. 任务型教学法在小学英语口语教学中的实施策略

(1) 对课堂设计的建议

①任务设计契合学生认知。任务如何设计和组织，是任务型教学法取得成效的关键，因为恰当的任务设计和顺利的任务实施能够保证教学高效率地进行。教师在设计任务时，首先要依据本班学生的真实情况，确立合理的任务目标，设计出符合他们认知特征和接受能力的任务，确保任务的可完成性和趣味性。任务的难度不能过高，避免学生产生畏难心理，感到挫败，但任务也不能过于简单，避免学生觉得无趣。任务的难度应该根据学生的“最近发展区”来决定，走在学生

的前面，让学生在完成任务的同时成就感也得到满足，如此才能保证教学的最优化，最大限度地激发学生对英语学习的兴趣。其次，设计任务时应当遵循真实性原则，即任务的取材应当贴近学生的生活，可以将生活与教材相结合，使任务活动具有真正的意义。在选择口语话题时，应当选择离学生生活较近的内容，这样学生才能够把自己的知识储备用英语表达出来，达到提高口语能力的目的，也可以选择和学生共同讨论任务的主题，拉近与学生之间的距离，还可以了解到学生内心真正的想法和感兴趣的内容，以便后续更好地设计课堂。

②合理分配教学环节时间。教师在进行教学设计时，对每环节的用时应该有一个预先的设定。任务前阶段是任务的准备阶段，属于课堂的热身环节。这部分用时不宜过多，但也要保证能够让学生熟悉任务主题，了解相关背景知识，涉及新知识时可以在讲解介绍上花费多一些时间，确保学生能够明白，才不会影响后续任务的进行。任务中阶段是学生的“大舞台”，学生需要在小组内讨论完成任务，并向其他小组同学展示自己小组的任务成果。这一阶段可以适当地多分配一些时间，因为在这个过程中，学生与学生之间的思维得到碰撞，进行沟通和交流，也不知不觉地发生了语言的习得。学生为了完成任务，不得不使用英语去沟通交流。最后的成果展示是学生整节课最喜欢的环节之一，有的学校班级学生过多，很难做到每节课都能邀请每一组上来展示，教师应当根据任务的完成情况和学生的表现情况来决定要邀请多少个小组进行展示。对于没有邀请到的，可以下节课优先邀请展示，要尽可能地关注每一位学生。这个环节能够让学生更加勇于展示自己，使用英语的自信心得到增强。最后的语言聚焦阶段分为语言分析和语言练习两个环节，主要针对任务完成过程中出现的问题进行总结，然后进行练习巩固。

（2）对课堂教学的建议

①强化背景知识联系建构。做好准备是任务型教学法实施的基础，在任务前阶段，教师要讲解本节课需要用的知识点，复习学生已学的知识，以及补充相应的背景知识。这个阶段是任务型教学法中耗时最短的，但也决定了后续环节能否顺利进行，学生对知识理解与否将会影响接下来任务的完成。在任务前阶段没有做好知识的介绍，会导致任务的完成不够理想。

因此，教师在任务前阶段必须介绍相关的背景知识，帮助学生理解新的知识点，如果这些内容是学生之前学习过的，教师可以采取其他方式来帮助学生复习，让学生回忆起相关的内容，帮助学生做好完成任务的准备，以此来确保任务的完成。同理，学生要想学好英语，要想建造知识的高楼，顺利地完成任务，那么一定是需要学生具有相应的知识基础的。当然，任务前阶段在整个任务型教学法的教学环节中，起到热身的作用，教师不应在此浪费过多时间，但必须保证学生已经对任务有所了解，并且介绍相关的背景知识，才能确保接下来任务的顺利完成。

②保证课堂指令简短易懂。在任务型教学法的课堂上，教师应进行全英教学，为学生创建语言学习的环境，增加语言的输入。教师在下达指令时，语句应当简短清晰，在用词上应当尽量选取学生能够理解的，句子也不应过长过难。否则在课上当教师下达指令时，说了一次学生不理解，教师还需要再次进行讲解，耽误了教学时间，学生也可能因此对英语课堂产生畏难心理，失去对英语学习的兴趣。同时，教师在下达任务指令时，还可以借助图片、视频或者手势等多种方式来辅助学生理解，生动的方式会更加受到学生的欢迎，同时也能帮助学生更好地理解。必要时也可以进行任务的示范讲解，确保学生能够明白任务的内容，课堂才能顺利地按计划进行下去。除了课堂的指令，在讲解知识点时，也应当做到通俗易懂，太过繁杂反而会额外增加学生的认知负担，削弱学生学习英语的兴趣。所以，在课堂中，用词用句不宜过难过长，要考虑到学生的知识储备，指令要清晰易懂，学生理解起来更加容易，就会觉得学习英语是一件愉快有趣的事情，而不是枯燥难懂的。

③加强课堂角色转换技巧。任务中阶段是任务的实施阶段，学生需要通过语言完成教师布置的任务，在学生努力完成任务的过程中，自然也就习得了语言。学生通过输出大量语言，借此来提高自身的语言综合能力。教师在这一阶段需要适应角色的转换。

首先，教师应该转变对待学生犯错的态度。对学生而言，错误也是一种学习的方式，错误可以检验学生掌握已有知识的程度，以及了解新知识的程度。而教师通过分析学生的错误，可以发现学生习得语言的内在规律，通过这一规律，可以进行更为科学的语言教学。当学生在讨论过程中出现语言方面的错误时，教师应该担当观察者的角色，对学生出现的错误进行观察并记录，根据学生的实际情况适当提出相关的建议。

其次，教师在学生进行讨论时，不应过多干涉学生的讨论，要对学生充满信心，相信他们可以独立完成，但在学生需要帮助时，教师又要转变自身的角色，扮演给予建议的引导者；当学生的注意力集中在眼前发生的事情的其他方面时，最理想的学习便可能在此产生。在完成任务的过程中，应当让学生的注意力集中在任务的完成上，而不是拘泥于语言的对错和形式，任务是没有固定答案的，小组任务的成果完全是由学生主导，教师如果干涉过多，会影响学生的交际，使得学生的注意力从完成任务到关注自己语言的准确度，那么就和传统的语言训练并无差别。

二、小学英语口语教学的对策

（一）加强教育戏剧理论的运用

1. 加强教育戏剧知识的学习

教师具备扎实的教育戏剧理论知识才能在小学英语口语教学中自如地运用教育戏剧。教育戏剧教学方法在我国学校教育中的运用不算久远，教师对教育戏剧的理论知识普遍认识不深，因此教育戏剧理论知识的学习就显得尤为重要。

因此，首先，教师要了解教育戏剧的由来和形成的时代背景，并对教育戏剧的理论渊源、历史发展有清晰的认识。其次，教师容易混淆教育戏剧与传统意义上的戏剧，二者虽有交叉，但戏剧的内涵比教育戏剧广。教师要认真学习，并区分这二者的内涵和外延的区别。对教育戏剧的概念有清晰的认知是进一步提高理论水平的基础。最后，教师要了解教育戏剧在其他国家的已有研究和发展进程，更要对我国教育戏剧的发展脉络和已有研究了然于心，进而学习教育戏剧的特点、功能和意义，这样才能明白运用教育戏剧的优势所在。其中最重要的是学习教育戏剧运用的原则，了解运用教育戏剧开展教学活动各个阶段的要求，掌握教育戏剧的基本方法和实施技巧。有了丰富的教育戏剧理论知识，在教学中运用教育戏剧时才有了教学实践的参考，遇到问题和困难时，才能灵活地运用已有理论知识来解决。理论与实践是相辅相成的，教育戏剧教学实践促进教育戏剧理论的发展，教育戏剧理论的发展又有利于教育戏剧实践的开展。

2. 加强教育戏剧知识的普及

近年来，我国教育领域兴起了一阵教育戏剧的研究热潮，在学校教育、社区教育和行业培训等领域都能看到教育戏剧的身影，社会对教育戏剧的理解还存在模糊的地方，有时将其等同于传统的戏剧或者戏剧教育。教育戏剧在小学阶段的运用逐渐风靡起来，但是有些教师对教育戏剧的理论了解不足，导致运用教育戏剧教学时出现偏差。而有些学生家长也认为教育戏剧只是演戏，不是正规的学习，会担心教育戏剧影响学生的成绩。因此，要在社会层面、学校层面和学生层面进行教育戏剧理论知识的普及。

当地教育部门可以联合当地政府，通过开展采访教育戏剧工作坊、教育戏剧名师等活动，通过新闻媒体、微信、微博等网络平台进行普及，宣传教育戏剧的先进理念和教学的优点及功能，让人们对教育戏剧有基本的了解和认识。其次，学校要举办教育戏剧相关主题的讲座、主题沙龙、阅读交流分享会、教育戏剧兴趣社团、教育戏剧活动周、英语教育戏剧展演等活动，来丰富教师和学生的课余文化生活，达到普及教育戏剧知识的目的。学校应该利用好课后延迟服务或综合活动课程，每周安排一个课时的教育戏剧相关主题活动，让学生在劳逸结合中寓学于乐。学校还可以通过联合社区、学生家长，举办戏剧活动等形式，让人们认可这种有趣的方法，形成“三位一体”的育人机制。此外，除了线下的普及，还应重视用线上的方式普及知识。学校要建设校园网络学习平台，链接教育戏剧最新的理论知识成果，鼓励教师和学生利用课余时间学习，增加个人对教育戏剧理论的认识。

3. 建立教育戏剧的教研队伍

学校要建立一支能做学术研究、能上好教育戏剧课的高水平教育戏剧教研队伍。

首先，学校要在物质和精神上支持英语组建立教研队伍，邀请大学的戏剧专业和英语专业的教授作为教研队伍的指导者。小学教师与高校教师形成“结对子”的学习形式，促进教师的理论水平和教研水平的提高。学校与高校形成合作机制，建立接收高校输送年轻优秀师资人才的通道，扩充教育戏剧教师教研队伍。

其次，学校不仅要建立英语组的教育戏剧教研队伍，还要组建其他学科的教育戏剧教研队伍，促进学科教育队伍之间的交流，形成学科融合的合力，促进学科之间的优势互补。英语组的教师缺乏教育戏剧的专业指导，可邀请艺术老师进行戏剧、音乐、表演和审美方面的指导，提升英语教育戏剧教学的科学性。制定听课、评课制度，落实教研组集体备课的制度，定期开展学术沙龙研讨会，提升教育戏剧教研队伍的教学能力和学术研究能力。英语教育戏剧教研队伍结合多方的力量，可以编写校本教育戏剧的教学用书或戏剧绘本，以缓解没有专门的教育戏剧教材的不足，而直接引用其他学校的教育戏剧教材可能会不适应，本校自编的教学用书更符合学生的特点，更有利于提升本校教育戏剧的运用水平。

4. 建立教育戏剧教学评价体系

（1）建立健全教育戏剧教师教学评价体系

健全的教育戏剧教师教学评价体系是教师教学实施能力提升的有力保障，有了教师教学评价体系，学校对教师教育戏剧教学能力的考评也有了依据。学校应协同校内和校外的力量，由本校的教师和教研员、高校的专家教授、资深的戏剧家、中小学教育戏剧名师等共同研讨和制订本校的教育戏剧教师教学评价体系，采用以过程性评价和发展性评价为主的评价方式，将量化评价和质性评价相结合。制订教师教育戏剧课堂教学评价表、教育戏剧课堂教学听课表等，评价的维度应该包含教学设计、教学过程等方面。学校要完善和落实好教师自评、教师互评、家长评价、学生评价和学校领导评价以及必要时由外界同行评价的制度。教师按时提交自评报告、互评量表，领导落实随堂听课、教学质量问卷等措施。

（2）建立健全教育戏剧学生学习评价标准

对学生学习进行评价的目的是考察学生的学习情况，提升学生的学习积极性和主动性，促进学生的全面发展。评价不仅要关注教育戏剧对于学生学习知识的效果，也要关注教育戏剧对学生思维能力、合作能力、交际能力、情感、态度和价值观等方面的发展作用。

建立健全教育戏剧学生学习评价标准，评价标准要包含口语交际能力和戏剧表演能力两方面。具体可从语言运用、表演呈现、课堂参与和团队合作等方面进行评价。关注学生的语法、语音、语调和语篇的运用是否准确和规范，合乎生活语境和社会礼仪等，还要关注学生的表演情感、神情动作、团队意识、参与程度等方面。采取过程性评价和总结性评价结合的方式，既关注学生学习的过程，也关注学生学习的结果。在每次课堂教育戏剧表演之后，由学生自评、学生互评、教师总评来综合评价学生的学习表现，在一个阶段的学习结束后开展正式的教育戏剧表演活动，采用平时表现和阶段表现结合的方式综合评价学生的语言知识、语言技能、情感态度、学习策略、文化意识等方面的发展情况。

（二）创造良好的口语教学环境

知识存在于具体的、情境性的、可感知的活动之中。对于学生来说，英语课堂是他们接触英语的主要场所。在任何情况下，创造说英语的环境，最大限度地利用学习机会，是学生发展英语口语能力的关键。

1. 采用多种方式创设英语口语教学环境

人们在不同的语境中使用语言的方式不同，学生有机会在有意义的语言环境中体验语言是很重要的，这意味着教师应当创设一种能够使口语教学的内容被使用的环境，然后学生可以在课堂上使用语言进行模拟任务，这样就可以一并掌握句型结构的用法和意义。

在学习单词时，教师可通过一些情境让学生理解单词的含义，如搜集一些视频素材和听力材料播放给学生听，让学生在听的过程中理解单词，随后再让学生读，学生读的过程也是提高口语水平的过程。

其次，面对课文对话不自然的问题，教师应当将对话进行适当改编，将句子变得口语化，对话内容可以从学生的生活实际入手，或者根据当地特色进行改编，让学生在不拘谨的语言环境当中自然地进行对话，这也更容易使学生融入情境中。教师也可以将对话设计为小组活动，由于学生平时总是害怕犯错或丢脸，或者他们觉得在全班同学面前说英语很害羞，因此教师可以将对话设计成可多人参与的小组活动，在小组中，学生说话更自然，氛围也更让人感到轻松。

另外，小学的英语教师在平时的教学过程中要尽可能地做到用英文讲课，目的是给学生创设一种全英文的交流环境，让学生感受英语的魅力，不自觉地进行模仿，长此以往，学生的听力能力可以得到锻炼，同时也有利于他们口语表达能力的发展。

2. 丰富英语口语课外活动

英语口语课外活动不仅可以吸引学生的口语学习兴趣，激发学生学习英语的积极性，还可以在富有趣味的活动中增加学生的语言输入与语言输出。英语口语活动的形式可以是多种多样的，如开设英语口语社团，在社团中教师可以拓展学生锻炼英语口语的学习资源，不仅可以为学生播放英文动画短片，也可以为学生播放专门的口语教材，训练学生的听力与模仿跟读能力。

此外，在社团中教师可以向学生讲解一些关于口语技能的知识与技巧，如连读、弱读、爆破等口语发音方式。同时，学校还可以每个学期定期开展英语演讲比赛、英语口语大赛、英文短剧表演、讲英语故事大赛、唱英文歌曲等活动，在大赛中可以让小主持人用英语进行主持。通过组织多种多样的活动营造积极向上的学习英语的氛围，有利于激发学生练习口语的热情，提高自信心，这既丰富了校园文化生活，又有利于提升学生的口语交流水平，培养学生用英语阐述观点、表达思想的良好习惯。

总之，学校应当尽量开展多种多样的英语活动，组织学生积极参与到活动当中，让学生感受到英语活动的乐趣，从而增强他们的英语思维能力，促进他们形成良好的口语交流能力。

3. 通过校园广播等形式营造英语学习氛围

学生在校内可以听英语的机会往往局限在英语课堂上，在课下听英语的机会少之又少。因此，学校可以通过校园广播的形式为学生播放他们熟悉的英语故事或歌曲，使学生在耳濡目染的过程中提高听力水平，听和说通常是联系在一起的两部分，听力水平的提高对学生的口语表达有促进作用。

除此之外，教师也可以选一些英语口语比较好的学生作为广播员，在让这些学生得到锻炼的基础上，也可以为其他学生树立榜样，调动他们的积极性。另外，学校也可以通过其他方式营造英语学习氛围，如在校内设置英语板报区、张贴英语标语等。

4. 开设个性化的英语口语课程

在英语课堂上，学生的英语口语活动大多围绕课本上的内容展开对话或阅读，很少针对学生自己感兴趣的话题进行讨论。因此，教师可以开设个性化的英语口语课程，可以通过个性化的内容和背景来帮助学生更好地学习，这样学生就可以谈论他们自己的生活经历和个人观点，并提出他们感兴趣的问题，如不同的生活方式、学习习惯等，教师也可以提供机会让学生了解名人、各种英语流行歌曲和受欢迎的电视节目等。对于小学生来说，刚开始他们可能难以接受这样的课程，因此在小学英语口语课程中，教师可以先为学生提供一些话题，鼓励学生发言，并及时进行表扬，激发其他学生的参与热情，提高他们的积极性。

（三）培养学生英语口语学习习惯与自信心

1. 端正学生英语口语学习态度

英语是人与人之间进行沟通、交流的重要工具，新课程标准中明确指出了小学英语的教学目标，即要关注英语听、说、读、写，注重培养学生的英语语感，提升学生在日常生活中用英语进行简单交流的能力。小学生往往会因为英语口语没有被纳入考试当中所以忽视了对英语口语的学习，要知道促进综合语言运用能力的发展是学习英语的目的及意义。教师在教学过程中，要有意识地使学生意识到学好英语口语能够锻炼听力，提升英语语感，掌握英语口语交际技巧。

此外，学习英语口语还将对学生以后的写作和阅读理解学习有很大的帮助，并且也能够提高和他人的交际能力，同时学生自身的记忆和学习能力也能得到有效增强，从而逐渐地让学生意识到英语学习的最终目的并不是在笔试中获取高分，而是将其运用在实际生活中，促进自身的综合发展，为自己以后的生活和工作提供帮助。学生在学习英语的过程中，应该端正学习态度，既要注重对单词、语法等书面知识的学习，又要重视对口语的练习。学生应当充分利用一切可以利用的资源来提升自身口语能力，在课上要积极地举手发言，努力和同学、老师进行互动交流，广泛参与口语教学活动。在课外，如果条件允许的话，学生可以在父母的支持下参加一些英语课外辅导班，也可以通过英语趣配音 App、一起作业网练习自己的英语口语，或者通过网课与外教进行对话。另外，若条件有限，学生还可以模仿课文中的英文朗读，提高自己的发音和朗读水平。

2. 培养学生英语口语学习习惯

在第二语言的习得中，学习者要想熟练使用第二语言，仅仅依靠语言材料的输入是远远不够的，他们需要进行语言输出。并且根据语言输出的注意、检测与元语言功能，学习者需要在第二语言输出的基础上获得反馈，并且随时检测目标语的结构和意义。众所周知，“说”作为学习者口语输出的形式，是学习者口语表达效果的展现。因此，培养学生的英语口语学习习惯，引导学生注重语言应用，对于提升语言应用的熟练度至关重要。教师可以从以下几个方面对学生英语口语学习习惯的培养做出努力。

首先，由于小学生具有模仿能力强和辨音能力强的特点，要想使学生熟练地进行英语口语表达，要引导学生课下加强听力与朗读训练，教师可以让学生每天抽出一定的时间听、读课本上的音频材料，大声地进行跟读，模仿音频材料中地道的英语表达、纯正的语音语调。朗读的材料还可以是课文中的对话、英语儿歌、浅显的课外读物等，教师应指导学生在朗读过程中注意连读、节奏和语调等，让学生在阅读课外材料的同时了解基础的英语语言的组成结构和运用规律。

其次，学生在看自己感兴趣的绘本时可以将自己不认识的单词、英语的习惯用语和相关表达方式加以记录，注意生词、错词、难词的日常积累，并及时复习形成自己的口语记录本，从而增加词汇量，有了词汇量的积累，学生能够更好地进行口语输出。

最后，教师可以适当布置英语口语作业。学生可以通过一起作业 App 选择自己喜欢的对话，和同学进行分角色对话练习。学生在进行活动时无形中激发了他们口语学习的兴趣，从而兴趣成自然，逐渐培养了他们进行口语表达的习惯。教师可以引导学生平时多与同学、朋友用英语沟通交流，对生活中的事物尝试进行口头复述，指导学生在课余时间抓住一切可能的机会，多听多练，加强口语练习，将口语练习生活化、常态化。学生如果能真正地将英语融入自己的生活，成为自己生活中的一部分，口语能力自然能得到提高。

3. 帮助学生克服英语表达心理障碍

调查发现，一些学生上课不愿意举手回答问题，课下很少和同学们进行沟通交流。一些教师更是表示有学生不愿意开口进行交流，他们害怕张口说英语。由于学生所接触的英语词汇量少、句型较少，而且随着年龄的增长很多学生害怕出丑、怕出错。由此可以看出，不少学生是害怕张口说英语的，学生普遍存在的心理现象如焦虑、紧张、害怕等会限制学生口语能力的提升。因此，学生应该努力克服自身心理障碍。

首先，由于在课堂教学中教师的教学态度将影响着课堂环境和学生的心理气氛，所以教师要努力创造轻松愉快的课堂教学氛围，做到授课过程生动活泼，避免单调沉闷。通过建立和谐融洽的师生关系，鼓励学生积极举手回答问题，让学生勇敢地去和教师、同学进行互动交流。

其次，在课堂上，教师可以引导口语水平不同的学生进行分层教学。可以让口语水平较好的同学“以帮带学”，带领其余学生唱英语歌、开展情境对话等。对于口语学习存在困难的学生主要以回答简单问题、复述故事片段为主。通过这些方式，能够很好地激发学生说英语的信心，营造心理相容的氛围。

再次，教师要采用适当的纠错策略，对于学生的口语错误教师要有耐心，以包容的心态保护学生的积极性，通过选择合适的纠错时机和方法，既能保护学生的自尊心，又培养了学生说好英语的信心，使学生的心理放松，让学生对开口进行英语表达由排斥转变为接纳。

最后，教师要及时对学生进行表扬鼓励，对学生敢于开口说英语的行为要进行表扬激励，对学生敢于举手发言的优点予以肯定，再配以轻松的语言，如“You are brave ！”“Don't worry ！”“Try again ！”等，从而强化学生说英语的行为，使得学生逐渐克服说英语口语的恐惧感，敢于开口表达。教师与学生应当建立平等的师生关系，帮助学生树立自信与增加兴趣，促进学生英语口语表达能力的提升。长此以往，学生对于英语口语学习的兴趣与自信心都会获得提升，英语口语表达能力亦会获得良好的发展。

（四）提高英语教师的口语专业水平

首先，英语教师可以主动利用多媒体，如一些英语 App、英语网站，来提高口语水平，具体来说，通过多媒体软件中的音标纠音、跟读模仿、真人对话等功能来提高自身的口语水平。

其次，英语教师还需注重对英语口语教学理论的学习。缺乏教学理论的教学犹如无本之木、无源之水。例如，体验式教学理论的先驱古希腊哲学家苏格拉底(Socrates) 就主张采用问答法来教学，探索真理。这种教学理论运用在英语口语教学中，可以将学生置于课堂教学主体地位，引导学生在对知识的实际运用过程中掌握知识。再如著名心理学家杰罗姆·布鲁纳(Jerome Seymour Bruner)提出的动机理论，鼓励挖掘学生的学习动机，让学生喜欢学、愿意去学。将这些理论运用到英语口语教学中，可以使学生体会到学习的愉悦感。因此，教师应树立终身学习理念，不断增强自身的专业素质，从而通过互动教学、讨论教学、启发式教学等提高英语口语教学水平。

（五）提高教师对英语口语教学的重视程度

1. 完善口语测试实施规则并设置奖励机制

一直以来，小学对英语口语教学不够重视的主要原因是没有具体的口语测试，教师普遍认为学生学习英语的目的是考试，因此教师总是将学生对知识点的掌握作为重点而不是英语口语方面。

为提高教师对英语口语的重视程度，学校应制订英语口语测试相关规则，规定好分数标准，选好素材，在学期中或学期末，对学生进行口语测试，根据结果，给予一定的奖励，如颁发奖状等，奖状对小学生来说有着极大的吸引力，因此设置奖状的口语测试也能使学生对英语口语学习更加重视。

2. 开展各种形式的英语口语活动

部分小学由于英语教师太少，口语测试实施起来比较费时间，再加上笔试成绩带来的压力，使得一个学期可安排的口语测试次数不可能太多。除了口语测试，学校可以举办各种形式的英语口语活动，如英语故事会、英语剧表演等，设置一定的奖励制度，如给表现出色的学生颁发奖状等，通过这些形式，在校内营造浓厚的英语口语环境。

另外，学校不应只以考试成绩来评价教师的教学质量，要减轻教师和学生的压力，支持教师开展英语口语活动，给教师自主发挥的空间，让教师有足够的精力根据学生的实际情况以及当地特色，开发相关的英语口语课程，让学生有尽可能多的机会进行英语口语表达。

3. 提高学生的英语口语练习时间

要学会一门语言，练习是不可缺少的一部分，因此教师应在课堂上给学生尽可能多的时间去练习，设计能最大限度地增加学生说英语的机会的口语活动是教师的主要任务之一。小学英语口语教学的目的之一是促使学生提出话题，进行提问和交流，教师在设计口语练习活动时，要确保该活动是有意义的，能让学生真正进行口语交流，如此才能合理地利用有限的时间。

另外，应当鼓励尽可能多的学生进行发言，教师在设计口语活动时要注意不要让那些活泼开朗、口语表达能力较强的学生主导活动，必要时，教师可以进行干预，以确保不同水平的学生有平等的机会和时间进行口语表达，让那些基础较差的学生感受到教师对自己的重视。

（六）完善英语口语评价标准和口语测试机制

口语测试标准和机制的完善可以激发学生学习英语口语的动机，使教师和学生关注平时的英语口语练习，帮助教师和学生及时了解英语口语教学的情况和英语口语学习效果，并能够在某种程度上反映学生听、读、写等方面的能力。目前，很多学校没有一套行之有效的口语测试标准和机制，因此进行有效口语评价标准和口语测试机制的完善非常重要。

1. 完善口语评价标准

口语评价标准的完善有助于教师根据相关标准对学生口语表现状况开展评价，给予学生及时的反馈，便于为今后的教学实践提供有针对性的改进方向，从而更好地促进学生口语能力的发展。评价指标的确立应科学合理，教师应当针对学生的语音语调的准确得当情况、语速流畅情况、语法使用情况和学生参与意识、自信心等方面展开评价。根据学生不同的表现情况进行有针对性的评价。

例如，可以通过等级化评价衡量学生的口语水平，通过四个等级评定学生口语表现，包括 A、B、C、D 四个等级，其中 A 对应的学生情况是口语成绩优秀，B 为良好，C 为合格，D 为待合格。口语测试的目的不仅仅是得出学生的口语得分等级，更是为了更好地促进学生口语水平的发展，在测试之前教师可以将评分的标准告诉学生，并在评分表最后附有相应的针对性建议，使得学生可以明确自己的优点和不足之处，教师在后续的口语教学中可以针对学生在不同指标中的表现，有意识地引导学生在薄弱方面进行针对性的练习，让学生知晓自己在今后的口语学习中的努力目标，也为教师以后的教学指明了方向。

2. 健全口语测试机制

由于缺乏较完善的测试评价机制，无法有效地检测学生听、说能力。这不仅制约了学生听、说能力的提高，也不利于学生听、说、读、写能力的均衡发展。目前，小学英语测验中使用最广泛的评价方式是书面考试。虽然这种评价方法可以很好地测试学生语言知识的掌握程度，但其弊端也很明显，即无法准确测试学生的口语水平，忽视了英语作为交际性语言的应用性。

根据英语课标的要求，口语测试与评价不能仅仅依靠终结性评价，可以采用以形成性评价为主、终结性评价适度的方式，使两种评价方式的优点相得益彰。并且还要注意评价主体的多元性和测评方式的多样性。其中，小学英语口语测试的形式主要包括以下几种。

（1）朗读及复述

使用朗读的测试方法可以使考试组织者有意识地控制难度与设置考察重点，

朗读的内容包括字母、单词、词组、短文等。通过朗读能够很好地测试学生的语音、语调等方面。

（2）自由交谈

这种测试方式是通过教师问、学生答的形式，与学生进行自由交谈。教师在交谈过程中主要采取特殊疑问句的形式，要求学生使用完整的句子作答，从而考察学生的口头表达能力。

自由交谈主要包括单句问答和情景问答。单句问答是指教师就课文中学过的句型和一些日常用语对学生展开提问，情景问答是指教师创设相应的情景，和学生围绕某个主题展开对话。通过自由交谈能够很好地检测学生能否正确运用交际策略，体现了测试的交互性和真实性。

（3）看图说话

看图说话相对而言是难度较高的口语测试形式，要求学生描述一幅或一组图片，测试中的具体操作根据学生的个人实际情况而定。通过直接提供学生需要表述的内容，能更好地考验学生的思维能力、观察能力和语言表达能力。这种测试方法主要考查学生表达的流畅性，并不特别要求准确性。

（4）角色表演

这个测试任务的要求必须是具体明确的。教师给每位学生分别分配角色，或者以小组的形式独立分配角色。角色扮演可以测试学生对于语音、语调的掌握程度，也可以训练学生在不同情景下的语言运用能力。

与此同时，教师要注意在课堂教学中随时记录学生的口语输出情况，并按一定的比例纳入期中、期末考试成绩中。教师不能只关注学生的总结性测验结果，学生平时的学习过程及课堂表现都是其学习效果的反映。此外，在评价过程中要注意测评主体的多元化，这是指将教师评价、学生自评、同伴互评相结合，鼓励学生参与评价的全过程。在小学英语口语教学中让学生参与评价，及时知道自己的学习状况，提高学习效率。口语测试有助于学生进行自我分析和诊断，检测学生的口语表达和口语交际能力，以利于他们的后续学习。

第四章　小学英语阅读教学策略

无论是学习什么知识都需要学生具备良好的阅读能力，从阅读材料中学习重难点知识，分析问题的指向并找到答案，英语学科也是如此。通过阅读，学生可以学会另一种语言，可以积累词汇知识并为写作积累素材，由此可见英语阅读教学的重要性。本章分为小学英语阅读教学的重要性和小学英语阅读教学的策略两部分。

第一节　小学英语阅读教学的重要性

一、激发学生的学习兴趣

在传统的小学英语课堂中，大部分学生的英语学习兴趣较低、动力不足，且学生本身的英语基础薄弱，在阅读的过程中会遇到不理解的词语、句子等，这会严重打击学生的学习信心，导致学生缺乏对英语学习的热情。基于这一现实情况，加强小学英语阅读教学的改革非常关键，通过激发学生的兴趣，实现对学生核心素养的培养。

因此，在课程标准的指导下，教师可以以学生的兴趣为切入点，在英语阅读教学中引进儿歌、游戏、表演等元素，为小学英语阅读课堂注入更多新鲜的血液，让整个课堂氛围变得更有趣、灵动，以有效提升学生参与英语阅读课堂的积极性，让学生在英语学习的道路上越走越远。

二、培养学生的阅读能力

在小学英语教学中，阅读能力的培养十分重要。学生听、说、读、写能力的培养都离不开阅读，而学生在英语阅读的过程中，可以有效加强其对阅读技巧的掌握和对阅读方法的应用。除此之外，学生可以增加对英语语言知识的了解，扩展个人所掌握的词汇以及句式，从而能够轻松理解阅读文本的含义，体会到阅读的乐趣，并形成良性循环。

三、丰富学生的词汇积累

词汇积累是英语学习的基础。离开了词汇，就谈不到遣词造句写文章。学生只有掌握了大量的词汇，才能进行英语听、说、读、写等训练。学生通过阅读英语文本学习单词，结合上下文的语言情境对单词的理解会更深刻，这样不仅能轻松识记单词，避免死记硬背单词的弊端，还能将单词的意义记得准确、牢固。

四、培养学生的英语语感

学习英语，语感非常重要。所谓英语语感，是学生对英语的感受、理解能力。学生阅读丰富的英语阅读文本，能逐渐熟悉英语的语法规律，克服语言使用障碍，形成良好的语感，从而流利地朗读、理解英语。

五、丰富学生的英语知识储备

在英语阅读过程中，学生会遇到很多不熟悉的单词和句式，他们或借助辞典等工具书自行查阅，掌握新的单词和句式；或通过询问教师和家长解除困惑，从而增加词汇量，增强自身理解和运用语言的能力。此外，学生在广泛阅读的过程中，能够逐渐掌握英语学习规律，将脑海中现有的英语知识串联起来，形成完备的英语知识体系。

六、塑造品格思想与文化素养

学习英语知识的同时也是在学习文化。英语和汉语之间之所以存在语言习惯上的差异，原因在于二者之间的文化背景不同。而小学生在进行阅读时可以接触到多样的文化背景，并能对异国的风土人情加以了解，进而拓宽自己的眼界。在进行相关文化背景的阅读过程中，也能够引导小学生树立正确的文化理念，让小学生在文化学习和交流的过程中树立良善的情感取向。

在核心素养视野下，德育也是一项重点教学目标。随着时代的发展，小学英语阅读话题和题材也在与时俱进，不仅贴合了小学生的日常生活，还融入了诸多人生哲理和社会时事，让小学生可以辨识真善美，养成理性思考的习惯，从全局出发抒发自己的看法，逐渐塑造良好的品格思想，把情感学习和知识学习有机结合，从而实现全面发展的教学目标。

七、帮助学生养成良好的学习习惯

研究表明，外界的影响和干预在一定程度上影响了学生学习习惯的养成。英语阅读素材十分广泛和丰富，涵盖了国外优秀的文化、优美的词句，以及深刻的人生哲理。所以，学生在英语阅读的过程中，通常能够被文本中主人公优良的品德和情操以及跌宕起伏的情节所吸引，进而展开对个人的反思，反思自身在学习过程中的不足之处，并积极改正，从而养成良好的学习习惯。

八、培养学生应用能力及语言感知能力

英语阅读属于一项理解学习的活动，小学生刚接触到英语学习，所以培养其对于英语学习的兴趣特别重要。小学生更容易关注到那些图文并茂的英语阅读材料，有利于小学生的体验式学习。此外，在阅读的过程中引入一定的情境与话题，可以有效培养小学生的语言感知能力。而在进行英语文章阅读学习的过程中，引导小学生对篇章句段进行个性化理解，可以提升学生表达的积极性，提高学生的英语应用能力。

第二节　小学英语阅读教学的策略

一、小学英语阅读教学的方法

（一）分层教学法

1. 分层教学法的概念

分层教学又称“差异化教学”，作为实现教育公平的重要方式，分层教学区

别于传统的教学模式，力求促进全体学生的发展。分层原则是将学生的个人兴趣、对课本知识的掌握情况、日常学习习惯以及独立学习的能力和实践能力等作为分层指标，将学生分为三个层次后，教师根据不同层次的学生特点制订不同的教学方案和教学计划，以期促进教学工作更好地开展，并关照到不同的学生，最终实现较好的教学效果。学者通常认为，分层教学是一种教育教学方法或个性化教学模式，对分层教学法的概念也主要从以下两个角度进行阐述。

（1）教育教学方法

为达到促进学生全体发展的效果，教师根据个体化差异，科学合理地划分层次，做好分层备课工作，为各层次学生制订不同的学习目标，采用合理的教学方式进行分层授课。分层教学法是一种通过教师有针对性地实施分层教学，及时引导各类学生有效地掌握基础知识、接受思想教育、得到能力培养的一种教育教学方法。分层教学是教师充分考虑学生的差异性，分层进行教学设计和实施，并在学习过程中做出针对性的辅导，使每个学生都能得到最优发展的教学方式。

（2）个性化教学模式

分层教学是一种区别于班级授课，基于学生的差异将学生个性发展与全面发展结合，实现教育公平的个性化教学模式。该模式在原班集体教学组织形式下，融入个性特色化的教育理念，为学生创造多种选择、发展的机会，不断鼓励学生向更高一级目标迈进，进而促进学生各方面个性、潜能的良好发展。

2．分层教学法的特征

（1）尊重学生个体差异性

不同学生之间存在个体差异，这种差异代表不同学生的特长不同。个体的差异是客观的、正常的，教师在小学英语阅读教学中使用分层教学法，应尊重学生的个体差异，根据差异进行科学分类，公平对待每一个学生。在教学中，无论学生能力如何，教师都不能歧视或不公正对待学生，更不能不结合实际实施教育，这样才能真正实现教育公平。因此，想要使分层教学法充分发挥作用，教师要改变思想，承认学生之间的个性差异，并针对差异制订具体的分层教学方案。

（2）教学目标具有层次性

在分层教学法应用的过程中，教师要充分考虑学生之间的个体差异性，强调引导学生主体性的发挥，因此教学目标的层次性是非常有必要的。教师在设计教学目标时，要考虑学生不同的英语基础、学习能力、兴趣等因素，为学生设计不同层次的教学目标，并根据学生在学习中的实际情况，给予学生切实可行的学习建议，使每个学生都能学有所成。

(3) 教学内容具有针对性

使用分层教学法时，学生被划分为不同层级。不同层级之间的学生差异较大，同一层级的学生之间差异较小，学情较为复杂，因此教学内容要具有针对性。教师可以根据学生的实际学习情况，在制订教学内容时，考虑不同层级的学生之间接受能力的差异，提前进行诊断性评价。教师要根据学生对知识的掌握情况，及时调整教学内容，提高分层教学法的教学效率。

(4) 教学形式具有灵活性

分层教学法不像传统教学法中的教师讲授、学生被动接受的单向教学方法，而是科学地将学生划分为不同层级，根据学生所在层级的特点，灵活选择适合不同学生的教学方法。通过灵活的教学方法激发学生的学习兴趣，提高学生的学习积极性。系统科学的教学方法有利于培养学生的学习能力和良好的学习习惯，创造一个愉快、积极、向上的学习环境。

(5) 教学评价标准多元化

不同学生的学习情况不能完全相同，因此分层教学法应制订多元化的评价标准，不同层级的评价标准要不同，使得不同层级之间合理有序地衔接。不同学生的基础、能力等方面有差异，教师针对学生的具体情况进行多元化、多层次的评价，让学生得到切实可行的建议，有利于学生学有所得。

3. 分层教学法实施的原则

分层教学法虽然不是一种新的教学方法，但是在我国使用较少，使用分层教学法时要遵循一定的原则，否则可能会产生消极影响。分层教学法的实施要建立在充分了解学情、尊重学生个体差异的基础之上，这就要遵循公平性原则、激励性原则、差异性原则、动态性原则和主体性原则。

(1) 公平性原则

公平性原则是使用分层教学法时最重要的原则之一。在使用分层教学法时，要以学生为中心，建立民主、平等、和谐的师生关系。教师很容易偏爱成绩较好的学生，不能将每一位学生得到全面发展的教育目标落到实处，可能做不到一视同仁，有违公平。分层教学法是面对全体学生进行教学，按照一定的标准将学生分为不同的层级，通过针对性的教学，促进每一层级的学生发展，将教育视野从大多数学生转向全体学生，不忽略每一位学生。教师为学生设计有针对性的教学计划，平等对待学生，在促进每个学生发展的基础上考虑个人优势的发展。

（2）激励性原则

每个人都希望自己所做的事情得到别人的认可，学生亦是如此。学生如果在学习过程中能够得到老师的认可与鼓励，其自信心和参与课堂学习的积极性都会有很大的提升。因此，教师在分层教学中应当认真观察每一位学生，尽可能多地发现学生身上的优点，并告诉他们，即使是在学生失误或犯错时，教师也应保持宽容平和的心态帮其纠正，对于后进生更是要以表扬为主，让他们对自己有信心，使其感受到成功的喜悦，并能更加积极主动地参与到学习中，激励他们向高一层次迈进。

（3）差异性原则

差异性原则是指分层教学法在进行教学实践时，不同学生的学情不一样，所以学生之间的发展方向和知识掌握程度是不同的，但总体而言，每一位学生都是在发展的。学生是独特的，不能用相同的方法教所有的学生，根据不同学情，实施差异化教学。分层教学法通过有针对性的差异化教学，帮助每个学生在各自的专业领域实现飞跃，实现学生的差异化发展。

（4）动态性原则

人的成长有稳定性，也有阶段性。分层教学法应用一段时间后，学生的知识掌握、学习成绩等情况会有一定的变化。教师可以在使用分层教学法后，设置阶段检测，充分了解学生的学情和心理状态。根据学生的实际情况，对学生的层次进行动态调整，以利于教师在下一阶段的教学中因材施教，也使学生可以处于积极向上的状态之中。

（5）主体性原则

分层教学法充分强调了学生的主体性，重视引导学生主体性的发挥。因学生差异性较大，所以教师需制订符合各个层次学生特点的教学内容和教学目标，并且在其无法理解问题时，教师应当给予适当的辅助，起到启发的作用，不能像传统教学一样直接给学生布置相同的任务。分层教学法的意义在于使每个学生都能学习和掌握适合自己能力的内容，并通过学生之间的动态流动和多方位互动，使他们以中等难度高效完成课堂教学内容，从而完成教学目标，取得高质量的教学效果。

4. 分层教学法的理论基础

（1）因材施教理论

学校教育应着眼于所有人的全面发展，而人又是整体性与差异性的复合体，其发展受主客观因素加社会环境、家庭教育等的影响，总是有一定的差别。教育工作者要承认学生之间存在差异，需要因材施教，创造出适合各类学生发展的条件和环境，不断提升他们学习的积极性、主动性，挖掘每个学生的潜能，更好地促进学生的发展。

（2）心理学理论

心理学认为，学习动机和学习效果之间存在着相互制约的关系。如果学习效果好，学生在学习中获得了更多的成功体验，学习动机就会得到加强，主动性和积极性就会提高，从而会以全新的状态投入学习生活中去，学习效率就会更高，效果就更好。“学习动机的强、弱直接影响认知活动启动的早晚和认知活动的质量”。可见，学习动机与学习效果相互促进的关键是学生要在学习活动中获得成功体验，从而形成学习上的良性循环。动机与学习之间是相辅相成的关系，绝非一种单向性的关系。心理学认为，愉快情绪对学习质量的提高有巨大的促进作用。成功体验必然会带来愉快情绪，继而提高学生学习的主动性和积极性，促使学生产生新的学习需要。愉快情绪是从成功的自信和满足中得到的。孔子说：“知之者不如好之者，好知者不如乐知者。”用现在的话说就是，掌握知识还不如对所学的知识产生“浓厚兴趣”，而产生“浓厚兴趣”还不如参与学习时感到愉快，也就是说最佳的学习过程是没有心理压抑的快乐的学习过程。

因此，分层教学模式的核心思想是为每个学生提供成功的机会，体会成功的愉悦，变“要我学”为“我要学”，调动每一个学生的积极性，充分开发他们内在的潜能，从而让不同层次的学生都能获得成功的体验以及由此带来的成就感和愉悦感。分层教学模式在教学组织和教学设计上符合心理学理论原则，划分层次时应当尽可能照顾到学生智力与非智力因素方面的心理特征。

（3）最近发展区理论

心理学家维果茨基阐述的“最近发展区”理论是把学生的发展水平分成了两类，即将并且可能达到的发展水平和已经达到的发展水平。“最近发展区”理论的提出表明每个学生都有进步的空间，教学应该始终领先于发展。只有这样，学生才不会仅限于现有的体系去发展，而单一的教学方法并不能适应学生自身的发展，要想使学生都得到最优发展，必须采用多种教学方法。分层教学法恰恰符合这点要求，教师在制订教学目标、教学方法和教学内容时，遵照学生的“最近发展区”，学生的“最近发展区”必然存在差异，老师要让学生感受到成功的希望，这样才能激励他们实现自己的目标，让他们相信，只要他们肯努力，就会得到更好的结果。在确定学习目标时，分层教学法更贴近学生的实际。它既能充分发挥学生学习的积极性，又能不断地提高学生的自信心。总之，在课堂教学的大背景下，分层教学是一种能够促进学生全面发展的教学方法。

（4）教育过程最优化理论

苏联教育学家巴班斯基关于教学过程最优化的理论认为，老师讲授易于掌握的知识时，由学生做练习，老师做一般性的指导。在老师讲授中等难度的课程内容时，学生根据不同的层次进行不同内容的练习，成绩较差的学生在完成容易的学习内容时，老师给予必要的指导；优秀的学生在解决学习困难的过程中，与同学进行各种学习方法的讨论。

（5）成就动机理论

个人的成功动机是一个人在做一项工作或完成工作时追求完美的内在动力，是一种强烈的内在动机，它是一个人想要做的、有意义的、有目的的工作，在这一进程中，个人的价值不仅仅是物质上的奖赏，更重要的是在工作中解决困难、克服困难，从而获得成就感和满足感。

个人实现目标的动机包括两个方面：渴望成功和避免失败。这意味着一个人在做一件事情之前，会经历两种心理活动：一种是害怕失败，另一种是渴望成功。研究发现，任务的成功率、个人的成就要求对成就动机的影响都很大，要求高成就的个体应该选择中等的任务，并及时反馈他们的完成情况，进而知晓其是否有所进步。

成就动机理论的特点是为高成就者制订适度难度的任务，不想让其因为任务太简单而轻易成功，便失去了兴趣，也不想任务太难，以至于要靠运气才能成功。因此，在教学过程当中，对于成绩较好的同学也不能制订难度太高的学习任务，否则会导致他们丧失学习兴趣，降低自信心。

(6) 自我效能理论

班杜拉（Bandura）认为，人的行为不仅受到付诸行动后所收获结果的影响，也受由人对自身能力高低的预测结果的影响。个体在完成某项任务之前，会根据自身能力和信心来推测能否完成，这一自我预测的过程就是自我效能的体现。在行动过程中，人内心自我效能的高低与人完成某项任务时自身信心的高低成正比。因此，在教学过程中教师要重点关注学生自我效能感的提高。对于自我效能感高的学生，安排一些难度适合这部分学生的教学任务，提升其满足感和成就感；对于自我效能感低的学生，安排一些难度低的教学任务，同样提升这部分学生的满足感和成就感。

(7) 人本主义学习理论

人本主义学习理论承袭了欧洲文艺复兴时期的人本主义教育观，重视对人的情感、智慧、意志、人格的整合，强调受教育者的主体地位，提出“以学习者为中心”的观点，主张学生要充分发挥自己的潜在能力，能够愉快地、创造性地学习，追求人的个性的发展。一方面，它强调以人为本，即强调教学以学生为中心，认为教师要充分调动学生的主体性、主观能动性，充分尊重学生的自身价值和挖掘学生的潜能，使学生能够得到全面发展。另一方面，人本主义学习理论强调学生的自由学习，主张尊重学生个性特长，让学生自由发展。这就要求我们的学校教育不能按照一个模式进行教学活动，而应该采用适合学生实际情况的多元化教育模式。人本主义学习理论启示我们，学生是学习的主体，师生关系的核心是尊重学生。

尊重的含义表现为两方面：一是承认每个学生都有自己的兴趣、认知水平、需要，尊重学生个性的存在，教育活动要以此为出发点，发展学生的个性；二是在尊重每个学生的人格和尊严的前提下，尊重学生群体的存在，强调师生的交流，教师要走入学生的情感世界去理解他们。学生是不成熟的群体，通过教育教学活动，可以使他们不断走向成熟。但是，学生又是一个充满情感、活力和个性的生命群体，教师和学生之间、学生与学生之间在人格、地位上是平等的。实施素质教育下的动态分层教学模式，教师要在把握教学方向、教学内容、教学进程和教学方法的同时，“以学生为中心”，充分尊重和信任每一个学生，使学生在愉悦的情绪下学习，强调教师的教学要以学生为本，以学生的发展为本，教师在组织教学活动时要十分关注自己的教育对象，这样才能调动学生的主动性、积极性和自觉性。

5. 分层教学法在小学英语阅读教学中的应用

（1）预习任务的分层设计

具备足够的词汇和句法知识是学生进行英语阅读的核心要素。在进行英语阅读教学前，学生要做好相关的准备工作，如提前预习英语阅读中的单词和难以理解的短语。教师引导学生自主完成阅读预习任务，同时针对学生的预习情况，要求学生在笔记本上进行记录和总结。学生在预习过程中遇到的困难要第一时间向教师进行反馈，这样教师在接下来的阅读教学中才会更有针对性和有效性。教师也要有针对性地设计预习任务，根据学生的差异分层设计预习任务。

（2）阅读前导入的分层

课前导入是教师在进行英语阅读教学前首先要做的工作，课前导入在很大程度上影响着一节课的质量好坏。通过课前导入可以检测学生是否对英语阅读教学感兴趣，这也是衡量教师教学能力高低的重要指标。教师对课前导入进行分层主要建立在情感因素的基础上，每个学生的兴趣是不同的，教师在导入过程中可以充分发挥多媒体的功效，使用图片式、视频式、直白式、话题式、英文歌曲等方法。教师要根据学生的差异和文章内容的形式，有针对性地设置导入方式，有效激发学生的英语阅读兴趣。

（3）分层设置阅读目标，激发学生阅读英语的热情

当学生阅读英文课文时，教师应该明白词汇量是学生顺利阅读文本的重要基础。如果学生的英语阅读不够流畅，会导致其对英语失去兴趣，而阅读流畅的学生一般具有很强的学习能力和丰富的词汇储备量。教师可以为学生收集一些标志性的英文阅读材料，让学生阅读有趣的英文作品，从学生的阅读兴趣入手，扩大学生的英语词汇储备量。

（4）对阅读评价展开逐层分析

教师针对阅读评价展开逐层分析，会使学生的自信心大大增加，他们在阅读

过程中会更容易理解文章，但仍有一些教师采用传统的教学评价模式。受传统小学英语阅读教学观念的影响，教师在进行教学评价时需要确立更加科学的评价方案。大部分情况下，教师将学生的学习成绩作为教学评价的唯一参考，这样的评价方式很难反映每个学生在英语阅读过程中的动态变化。

（二）合作学习法

1. 合作学习法的概念

合作学习是指学生为了完成共同的任务，有明确的责任分工的互助性学习，由 2~6 名能力各异的学生组成一个小组，以合作和互助的方式从事学习活动，共同完成小组学习目标。合作学习的理念由来已久，引起了世界各国的专家学者对合作学习的研究兴趣，越来越多的教育工作者选择将合作学习法引入教学领域并作为一种课堂教学方式，但由于各国国情和教学实际不同，国内外的教育家对合作学习有着自己的理解角度和表述方式，因此对合作学习的概念界定也各不相同。

美国教育心理学家罗伯特·斯莱文（Robert Slavin）教授认为："合作学习是指使学生在小组中从事学习活动，对自己和组内其他成员的学习负责任，并依据整个小组的成绩获取奖励或认可的课堂教学技术"①。以色列的沙伦（Sharan）博士对合作学习的理解是："合作学习是组织和促进课堂教学的一系列方法的总称，学生之间在学习过程中的合作则是所有这些方法的基本特征"②。王坦教授提出："合作学习是指一系列能促进学生在异质小组中彼此互助，共同完成学习任务，并以小组总体表现为奖励依据的教学策略"③。高艳认为，"合作学习就是以小组为基本组织形式，小组成员互相帮助，共同达成学习目标的活动"④。

合作学习由教师按照一定标准将学生划分为若干个学习小组，并设置共同学习目标，分配学习任务，学生在讨论交流中相互依赖、互帮互助，主动分析和解决问题。当今社会，合作与交流已是大势所趋，在这种时代背景下，提高学生的合作意识与沟通能力，使学生掌握与他人沟通的技巧，为社会培养合作型、创新型人才是新时期发展的要求。教师应注重培养学生的团队意识，使学生理解合作

① 伍新春，管琳．合作学习与课堂教学[M]．北京：人民教育出版社，2010：22

② S·沙伦，王坦，高艳．合作学习论[J]．山东教育科研，1996（05）：59．

③ 王坦．合作学习：一种值得借鉴的教学理论[J]．普教研究，1994（01）：62．

④ 高艳．合作学习的分类、研究与课堂应用初探[J]．教育评论，2001（02）：14．

的重要性，掌握与人沟通的技巧，为将来更好地融入社会做好准备。

2.合作学习法的理论基础

合作学习发展至今已建立起较为庞大与完善的理论体系。合作学习在这些理论基石上逐渐发展壮大，促进了合作学习理论研究成果的系统化，为合作学习的进一步研究与应用提供了实践依据。

（1）社会认知理论

社会认知理论由美国著名人格心理学家、社会认知学派的代表学者阿尔伯特·班杜拉(Albert Bandura)提出[①]。学习的社会认知理论认为，一切学习行为均发生在社会交互的关系之中，对于知识的获得是在与社会中群体与个体的互动以及相互作用中构建的，知识的传递与吸收同样也是来自拥有知识的个体之间的共享合作[②]。社会网络分析从较为科学的角度来研究合作学习，它可以用于分析学习小组中参与者之间的相互作用的关系结构以及参与合作学习的程度，更加科学以及较为直观地使教师运用信息技术手段来量化分析教学实施过程的各个环节。学生在合作学习过程中通过共同完成小组任务的协作配合促进知识学习的理解建构。

（2）群体动力理论

美国心理学家库尔特·勒温（Kurt Lewin）于20世纪30年代初基于“场论”提出“群体动力理论”。他认为在一个群体中，个体都在彼此的关系中相互影响，具有相互作用[③]。心理场为个人在其生活空间里形成的场域，而团体与其环境形成社会场。由此，勒温提出人的心理、行为是在环境中的不断交互作用中受到影响，即心理力场，其理论当中的代表公式为：B=f（P，E)，(f表述函数符号，B表示行为，P表示个人，E表示环境）[④]。主要观点为，个体在群体中的真实心理感受是影响个体行为的内在因素。群体动力理论促使人们从群体与个体内因的角度去考察和研究群体行为的产生和发展规律，为个体在群体中的行为调控提供了理论依据[⑤]。

① 龚珊珊．班杜拉社会认知理论对教学的启示[J]．黔东南民族师范高等专科学校学报，2006(05)：51—53.

② 夏瑞卿，杨忠．社会认知视角的知识共享行为研究[J]．情报杂志，2013，32（11）：196—201.

③ 勒温．拓扑心理学原理[M]．高觉敷，译．北京：商务出版社，2003.

④ 张粹然．库尔特·勒温的场心理学[J]．成都大学学报（社会科学版），1981（02）：80—84.

⑤ 申荷永．勒温心理学的方法论[J]．心理科学，1990（02）：39—42.

个体的行为表现与其所处的群体有着重要关联，因此在小组合作学习中构建学习型组织氛围，通过小组的共同学习带动个人学习主动性，培养学生的竞争合作意识，提高学生团队协作配合度。

（3）认知－建构理论

本理论的主要观点是建构主义学习理论的重要组成部分，其核心理念为知识观、学习观、教学观①。核心观点为学生获得知识的过程也是自身主动建构的过程，而这一过程所吸收到的知识取决于学生的个人主观努力②。因此这一获取知识的过程不仅需要个人充分发挥自我的主观能动性，还需要周围力量的帮助与促进，如教师与同伴的合作。建构主义理论对于教师的教学关键启发在于，在教学中尊重以及发挥学生的主导作用，并且结合学生的认知水平进行适时的引导与帮助③。

3．合作学习法在小学英语阅读教学中应用的要点

（1）要结合学生的具体学习水平开展合作学习

小学生的心智尚未发育成熟，在课堂上很难保持良好的课堂秩序，所以在组织合作学习的过程中可能会出现秩序混乱的情况，导致合作学习达不到既定的效果。另外，一些小学生由于英语基础较差，导致其在合作学习的过程中无法很好地实现知识交流。基于此，教师在开展合作学习的过程中需要考虑学生的实际英语水平。倘若盲目开展与学生知识水平层次不符的合作学习，可能会不利于学生的学习，降低学生的整体学习效率。

（2）避免形式化的合作学习

在大多数情况下，合作学习是以小组为单位的，这就导致一些学生在合作学习的过程中会产生对他人的依赖性，在合作交流的过程中缺少自主思考，这种情况下的合作学习就会流于形式。教师在开展合作学习的过程中，需要全面调动学生的学习积极性。注意观察合作学习过程中每个学生的学习动向，对参与不积极的学生，可以通过重点提问、学习效果抽查等方式督促学生，提升学生的学习积极性。在课下，教师也要积极与学生沟通，了解学生在合作学习过程中懈怠的原

---

① 丁邦平．建构主义与面向21世纪的科学教育改革[J]．比较教育研究，2001，22（8）：6-10．

② 张建伟．从传统教学观到建构性教学观——兼论现代教育技术的使命[J]．教育理论与实践，2001（9）：32-36．

③ 王沛，康廷虎．建构主义学习理论述评[J]．教师教育研究，2004（05）：17-21．

因，避免让合作学习变得形式化。

4. 合作学习法在小学英语阅读教学中的应用策略

（1）提前准备，奠定基础

促进小学生在英语阅读教学活动中合作探究知识的有效手段，就是提前铺垫课程内容，让学生在一定程度上了解即将要共同探究的知识。对此，教师可选择提前布置预习任务的方法。通过信息交流工具向学生发布预习任务，让他们在正式学习之前对相关内容进行自主预习，为课堂深入阅读文章、分析文章核心内容奠定基础。鼓励学生在自主预习的过程中与自己的小伙伴分享预习收获和问题，在预习中引导他们进行简单的合作学习。如此，学生不仅能够带着预习收获和问题走进课堂，跟随教师的引导深入合作学习阅读内容，还能在预习过程的合作中形成更正确的合作学习意识，发现共同探究对于英语阅读的优势，进而更主动地以合作形式探究阅读内容。

（2）利用微课，支持合作

微课作为一种新型的教学工具已然被广泛应用在小学基础教学活动中，其可以浓缩知识的功能，更是被教师积极运用在了对重难点内容的讲解上，可以帮助学生顺利突破学习瓶颈。所以，在合作学习模式下，为促进学生深入理解阅读文本，教师可以借助微课，为其探究文本内涵提供支持。

（3）实现教师角色转换，以引导者身份引领学生合作学习

对于传统的教学模式而言，教师多作为一个灌输者的身份，根据教学计划，向学生讲授其所需要学习的知识。传统的教学方式虽然可以充分保证知识传授的总量，但可能会增加学生与教师之间的距离感，缺少必要的互动交流，这也会在很大程度上影响学生的学习积极性。在这种情况下，教师要积极利用合作学习的策略，实现课堂角色的转换，摆脱在传统课堂中教师主导的现状，而是以一个引导者的身份，切实帮助学生进行学习。这样，学生就可以对英语阅读学习产生足够的兴趣，能够主动自觉地按照教师的节奏进行英语阅读的探究。

（三）思维导图法

1. 思维导图的概念

思维导图又被称为“心智图”，是由英国心理学家东尼·博赞（Tony Buzan）创造出的一种思维工具。东尼·博赞很形象地把思维导图定义为“用画图的方式

画出自己的思想。”他认为可以将思维导图应用到认知方面，尤其是教育、创造、设计、记忆、学习等领域。

思维导图可以储存已有的知识记忆，并集中和发散思维，所以科学地运用思维导图，能够有效地开发人类大脑中的潜能，让思维更加清晰。在小学英语阅读教学过程中合理运用思维导图可以将复杂的知识点按照关联性呈现出来，并体现知识的内在逻辑，会使阅读教学更加高效。

由此可见，思维导图是以一个关键词为中心，利用文字、线条、颜色、符号或图标等要素，进行有意义的联想，不断向外发散，最终将各级知识点的内在联系清晰地呈现出来的思维可视化工具。

2. 思维导图的特征

(1) 直观性

简单来说，直观性就是直接接触某件事物，从而得到感性认知。思维导图的一个显著特征就是直观性，具体体现在思维导图可以借助线条、色彩、图片等不同方式，以一种一目了然的方式把各个不同知识点之间存在的联系充分呈现出来。人们只需要直接观看思维导图就可以对图中需要传达的内容有一个大体的认知和理解，而不必展开反复的逻辑思考。在实际教学过程中借助思维导图，有助于学生对知识逻辑的认知，并从中感受到学习的乐趣，进一步加深对相关知识点的理解和记忆。

(2) 发散性

发散性主要是指以其中某一个点为中心向四周不断延伸，而这些延伸的内容和中心点有着密不可分的联系。在一幅完整的思维导图当中，全部内容都是基于一级主题展开，通过一级主题衍生出二级主题、三级主题甚至是四级主题，根据实际需求进行扩展。在现实生活中，人们一旦提及发散性，一般情况下都会将其和发散性思维联系在一起，发散性思维是人脑在进行思考时从各个不同角度、层次进行放射式思考的一种方式。

(3) 结构性

结构性是某一事物的结构或者是组织的特性。从总体上看，思维导图是一个健全的整体，它是由中心主题、线条、分支主题和图片等不同部分共同组成的。思维导图的主旨是一级主题，其他各个不同部分是基于这个中心扩散开来的；线条把一级主题和二级主题以及二级主题与三级主题之间的内容充分地连接在一起；二级主题是在一级主题的基础上延伸出来的，它和一级主题之间有着紧密联系；在思维导图当中使用图片的根本目的是辅助学生更好地理解复杂的知识。

3. 思维导图的类型

（1）圆圈图

由一大一小两个圆圈嵌套组成，小圆以一个主题为核心，围绕该主题展开相关细节内容、特征的描述，而描述的内容呈现在外围大圈中。

（2）气泡图

由一个核心气泡与周边若干分支气泡组成，核心气泡用于突出主题，而周边的分支气泡用于描述主题的特征与相关细节。

（3）双重气泡图

对两个气泡图进行核心连接的形式，通常用于比照两件事物的异同。气泡重叠之处表示的是两个事物的共同点，而没有重合的地方表示的是差异点。

（4）流程图

主要用于描述事物的发展进程，使用者通过绘制流程图可直观观察到事物的走向，流程图的使用可以帮助使用者快速掌握事物发展环节中的联系。

（5）多重流程图

一般由三个单一流程图组成，主要用于描述与分析事物因果关系。左侧流程图表述事物原因，中间流程图展示事物发展内容，右侧流程图表述事物产生结果。

（6）树状图

由一个“树根”与若干层级的“树干”组成，其中“树根”用于展示核心主题词，“树干”用于描述主题的内容与分支。该类型思维导图多用于整理与归纳事物内容。

4. 思维导图的功能

（1）辅助学生知识记忆

思维导图和记忆力二者之间有着密不可分的联系。思维导图能够最大限度地调动大脑的活性，使得大脑在记忆相关知识点时更加灵敏。思维导图表现出篇幅短小、内容精辟的特征，同时使用色彩和图片进行辅助，这些都是学生记忆过程中的重要元素。思维导图表现出来的发散性特征可以最大限度地帮助记忆者采用回忆的方式回想起相关内容，在这个不断回忆的过程当中，对相关的知识点有了更加深刻的认知，进一步加深了记忆。

（2）提高学生笔记技巧

采用思维导图的方式记录笔记可以让人清楚地看到各个不同知识点彼此之间的关系，在实际进行记录的过程当中，能够把所有零散的知识点全面融合在一起，进而对事物的总体情况有更加充分的认知。对于学习者来说，便于后续的阅览和思考。除了这种方法，学生还可以按照知识的重要程度选择不同颜色的笔进行记录，这对后续知识点的复习巩固以及对重难点的掌握都能够起到积极的作用。

（3）增强学生学习能力

从提升学习技巧的角度出发，学生可以把某一模块的知识点全部压缩到一张思维导图上，通过这种方式，学生不必再像以前一样大篇幅对相关的内容进行死记硬背，而是按照思维导图的构成模式，根据自己对相关知识点的理解，对思维导图上记录的关键词进行记忆。针对其他内容，则是按照自己的理解展开扩展、延伸。这种学习方法对于学生来说，不会由于内容本身太过于纷繁复杂最终引发厌学情绪，同时也不会带来较大的学习压力。

5. 思维导图的理论基础

（1）脑科学理论

脑科学理论是关于人类大脑结构和功能的研究。狭义层面上的脑科学也称为“神经科学”。神经科学的研究内容主要是神经系统的内分子水平以及细胞间的变化过程，同时包含研究这些变化过程中中枢的功能、控制系统内的整合作用。广义层面上的脑科学除以上内容外，还包含对人类大脑高级功能的研究，研究视角除了功能体系外，还包括行为学和心理学。在此主要是基于对脑科学广义层面的运用。

从人类大脑的生理机制进行分析：学习是一个不断积累经验的过程，而记忆则是对所积累经验的保持。人类大脑的神经系统通过感知外界环境变化而不断获得和积累新的经验，学习和记忆便产生了。从记忆的过程来看：记忆实际上是一个复杂的时间过程，其实质是先记而后忆。所谓“记”就是对事物的识记和保持，而“忆”则是对事物情景的再现。整个过程可归纳为三个环节：识记、保持和再现。这三个环节环环相扣，形成记忆的闭环。再现的前提是识记和保持，而再现则会进一步识记和保持记忆，三者相辅相成。其中，识记起着极为重要的作用，它是事物能否回忆、情景能否再现的关键。

思维导图正是依据这一原理而形成的一种思维工具，它完全顺应人类大脑的思维方式，让人在运用思维导图进行学习和记忆的过程中能充分发挥大脑的潜能和作用，增强记忆和学习的效果，对人类的学习具有积极意义。将思维导图应用于小学英语阅读教学中，具有较强的可行性和应用价值。思维导图不仅能够开拓学生的想象力和创造力，还能挖掘学生的大脑潜能，充分发挥学生的主观能动性，让学习达到事半功倍的效果。

（2）图式理论

18 世纪，德国哲学家康德（Immanuel Kant）指出，“图式”是连接人类认知主体与理论概念的架构过程。20 世纪 30 年代初，学者进一步对“图式”进行解析，认为“图式”是组织与梳理既有事件、经验、活动的重要表达工具。“图式”是一种编码结构，通过“图式”可提取与组织脑海中的信息，使杂乱的信息呈现为更加具象化、逻辑化、典型化的图像结构。

图式理论要求教师在教学的过程中重点把握学生当前对已有知识的掌握情况，教师作为引导者，帮助学生整合新学习的知识与以往学习过的知识，在学生的大脑中构建起知识的整体结构和相互联系，并结合维果茨基的“最近发展区”理论，引导学生获得新知。思维导图是一种学习工具，它利用关系构建的原理，帮助学生找到各个知识点中的关联性，从而使学生从局部到整体对知识进行消化；另一方面，利用思维导图联系新知和旧知，可以帮助学生掌握新知识。

（3）知识可视化理论

心理学家佩维奥（Paivio）的双重编码理论，为知识可视化提供了坚实的理论基础。2004 年，马丁·爱普（Martin J.Eppler）首次提出了知识可视化的概念，并强调知识可视化可以帮助人们通过多元化方式表达问题与解决问题。

从理论内涵层面分析，知识可视化是将信息与知识具象化、可视化、简易化的一种形式。通过将信息进行具象转化，可以帮助人们整合知识元素，并在可视化知识中探索事物架构与抽象化本质，进而促使人们做出更加科学、合理、宏观性的决策。知识可视化是对知识进行图像化描述的辅助方式，其呈现方式表现为图像、图形、符号、表格等形式。将知识进行图像化处理后，人们可基于直观图像进行知识的整理、分类、加工、评价与管理，进而帮助人们做出更加科学的判断。思维导图就是使抽象的知识通过线条、图形、箭头等方式具体化，使知识在人的大脑中建立起实质的联系，加深人对知识的记忆和理解。

6. 思维导图法在小学英语阅读教学中的应用

(1) 在小学英语阅读教学导入过程中应用思维导图

教师在推动小学英语阅读教学活动的有效开展时，会受学生在英语阅读活动中注意力集中程度的影响，可能会使英语阅读教学效果无法发挥出来。为了让学生能够在英语阅读教学活动中集中注意力，在导入英语阅读内容时，可以运用思维导图帮助学生发展自我逻辑思维，增强学生的自主参与意识。

(2) 在小学英语阅读教学过程中运用思维导图开启联想

小学生要想提高自身的英语阅读效率，最重要的是能够正确理解以及背诵单词。只有积累足够的词汇量才能持续推动英语阅读学习。所以，在英语阅读教学过程中运用思维导图，可以充分发挥该教学模式独有的发散性特征，借助联想的方式助力学生进一步学习以及记忆英语单词，使学生掌握足够的词汇量进而充分降低学生的英语阅读难度。

（四）戏剧教学法

1. 戏剧教学法的内涵

在欧美国家，戏剧教学法运用于教育领域已形成较成熟的模式体系，他们认为戏剧是服务于教育的手段，选取戏剧中有利于教学的方法，以教育为导向，以学生的全面发展为目的。作为一个“舶来品”，国内学者还没有达成对戏剧教学法的统一定义。中国教育戏剧发起人李婴宁博士把教育性戏剧分为“Drama in Education，简称为DIE”和“Theater in Education，简称为TIE”，并将“Drama in Education”进一步解释为：“在普通教育过程中，为了达到学习目标和教育目的，戏剧元素和方法作为教学方法运用于教育教学，它包含情景设置、角色扮演、即兴表演、主题深化、意义探讨等环节。[①]”杭州师范大学的黄爱华教授将应用于基础教育的戏剧教育分成了学科戏剧教育、活动戏剧教育和渗透性戏剧教育，渗透性戏剧教育的方法便是戏剧教学法，即为了达到戏剧和学科的双重目标，

① 李婴宁．“教育性戏剧”在中国[J]．艺术评论，2013（09）：49—52．

将戏剧作为教学方法和手段，在学科教学中渗透。教师可以设计扮演、模仿、想象、游戏等戏剧活动，应用于艺术类、语言类、社会科学类和自然科学类等各种课程。

2. 戏剧教学法的特点

（1）戏剧化

戏剧是一种可以把舞台表现、台词、舞蹈、音乐等糅合到一起的综合性艺术表现形式。戏剧可以激活包括审美、情感、肢体、社交和认知等全部的学习感官。戏剧教学法能实现把握戏剧的教育价值，用戏剧的方式来传递教育的目的。戏剧教学法应用于教学中，不是以戏剧表演来评判教学效果，而是以一种教学策略或教学媒介融入教学情境，引导学生在戏剧活动中获得参与感和体验感，实现综合能力的提升。以戏剧的形式来传递教育的主要内容，使参与者和观摩者从中受到教育，通过表演的形式和过程，让参与者和观摩者领悟主题内涵。简而言之，以戏剧结构架构教学，以戏剧活动创造学生探索体验的机会，戏剧化是戏剧教学法的核心。

（2）情境化

戏剧教学法本质上是情境的教学。英国戏剧教育家桃乐丝·希思考特（Dorothy Heathcote）让教师通过使用戏剧使学生“身临其境”，引导学生寻找有意义的提示、发现与方法，深入探索问题的内核。换言之，戏剧教学法应用的关键就在于营造假定的情境，让学生置身于能产生联系的开放性环境中，通过身体模仿体验，将个人经验投射于角色中去想象与感知。情境化是戏剧教学法能否顺利开展的前提，是推动学生自发连接自我经验和角色情感的催化剂，是开发学生潜能、积极建构新认知结构的动力。

（3）协作化

戏剧是社会性的活动，在戏剧情境中，学习者用动作和语言表达自己的经验，基于群体意识提出意见、与他人合作、讨论与分享。学生在戏剧教学活动中，一起通过感官认识事物，以假装的行为、真实的心理处境达成学习目标，在群体中消除内心恐惧，提升合作能力，创新性解决问题。戏剧活动是共同协作的群体活动，是集体创作，参与的学生需要具备集体意识和合作精神，通过戏剧活动锻炼其团队意识和协作精神。戏剧教学法需要个人在与学习伙伴合作互助的基础上实现信息和观点的重新加工和更新，在协作中共同成长。

3. 戏剧教学法应用于小学英语阅读教学的价值

（1）调动学生英语阅读的积极性

陈则航认为阅读是思维高度活跃的过程，需要自身与文本和阅读环境互动，即调动已有的知识经验，运用各种策略建构文本概念[①]。小学生只有阅读兴趣被激发才能积极建构自我与文本，才有阅读的意愿。英国戏剧教育家认为，将戏剧中的多种策略运用于课堂，有益于调动儿童的学习热情和动力，为课堂教学注入活力，培养儿童的情感能力。

在小学英语阅读教学中应用戏剧的策略，能够使内省的阅读外显化，学生在戏剧策略的引领下，在情境中以假定的角色感受文本，感知文本的内涵和外延；戏剧架构的空间使师生之间、学生之间的互动交流变得频繁而深入；戏剧教学法能在实践中打破学科壁垒，使学生的阅读从语言认知的层面延展到美育的各个层面，目标的延展增强了学生阅读的满足感，丰富了阅读的策略。

（2）拓展阅读理解的广度和深度

戏剧教学法能改变小学阅读教学的现状，注入新的活力。戏剧教学法切合小学英语阅读教学，倡导以学生为中心，以学习过程为导向的教学方式，以戏剧的策略创设师生互动，生生交流的情境，将戏剧技巧融入教学中，学生通过对话、表演、角色身份代入思考和解决问题，凭借感官和肢体多种方式获取知识，使课堂从教师的单一传授式转变为师生、生生之间的多向互动，有利于学生主动参与和体验学习过程。戏剧教学法能构建和谐的师生学习环境，个性化语言和肢体动作表达阅读体验和感悟，拓展了阅读交流的多元互通，丰富了阅读教学的方法。戏剧教学法应用于小学英语阅读教学中，借助暖身活动、定格、坐针毡、集体绘画、教师入戏等戏剧策略来激发学生的阅读兴趣和信息交流的宽度。学生在这样多样化的阅读教学形式中，亲身体验，实践感受文本内容，体会人物感情，加深阅读的深度，提高阅读效果。

（3）促进英语综合素养提升

传统的小学英语阅读教学方法和模式偏重于文本词汇和句型意思的理解，忽视了文本蕴含的深层次育人价值。戏剧教学法的介入旨在营造一个引导式、开放

① 陈则航. 英语阅读教学与研究[M]. 北京：外语教学与研究出版社，2016：06–08.

式、互动式的学习环境，鼓励学生通过交流和表达，创造自我认知的新结构。学生在全方位感官学习的过程中释放天性，调动自我情感，启迪思维，由此在锻炼语言表达能力、培养想象力、拓展思维的过程中实现文本语言知识内化为个性的思维，形成独特的自我价值观，实现学生英语综合素养的全面提升。

二、小学英语阅读教学的对策

（一）引入多元智能理论

1．多元智能理论应用于小学英语阅读教学的原则

（1）真实性原则

这个原则和英语课程标准中对语言学习的要求不谋而合。在进行英语教学时，教师要对教材进行深入的解读和剖析。在此基础上，将教材联系生活实际，以此创设与学生生活密切相关的教学活动。让学生有机会在真实的语言环境和教学活动中使用和感受语言，达到真实的语用的目的。

（2）系统性原则

关于多元智能理论在小学英语阅读教学中的运用，应当是一个长期的实践研究的过程。充分地了解学生的基本情况，尽可能地排除干扰的因素，这样才能系统性地进行多元智能理论的小学英语阅读教学研究。

（3）语言智能优先原则

英语是一门语言性学科，在进行小学英语阅读教学的过程中，我们应该更加注重学生语言智能的发展。这正是英语课程标准中对语言技能目标的要求，培养学生的听、说、读、写的能力。正如新课标中强调的促进学生语言综合运用能力的发展很重要，学习策略、情感态度、文化意识等同样很重要。所以，教学过程中学生的语言智能不能孤立地发展，要和其他智能相结合。

2．基于多元智能理论的小学英语阅读教学设计

（1）分析学生

教师需要了解学生，包括他们的年龄段特征、学习风格、学习动机、知识储备等。学情分析是开展有效英语教学的关键。要开展基于多元智能理论的小学英语阅读教学，更应该进行充分的学情分析。只有充分了解学生，才能将多元智能

理论与教学活动有效地进行融合，才能开展有效的多元智能阅读教学活动。

（2）分析教材

在进行教学设计时，对教材的分析是必不可少的。一切可以用来学习的事物都可以称为教材，如课本、光碟、卡片、练习册、活动用书等都是教材。教师要学会充分利用教材，整合教学资源。其中，课本是最具有核心价值的。教师要认真研究课本内容，掌握整体的框架结构。在小学英语阅读教学的过程中，对课本中的阅读文本进行深入解读，深挖文本背后的发展学生智能的可能性，以实现多元智能理论与小学英语阅读教学的有效整合。

（3）确定多元教学智能目标

结合学生的实际情况设定相应的教学目标。采取多元的教学活动，有针对性地培养学生的各项智能，在提升学生阅读兴趣的同时，提升教学质量。因此，教师在进行教学设计时，必须有明确的教学目标。首先设计出基于多元智能理论的教学目标，才能据此设计相应的教学活动。多元智能教学目标的确定应该是围绕语言、逻辑思维、交际、内省等多方面展开的。在发展语言智能的基础上，让学生的各项智能得到均衡的发展。

（4）从多元智能的角度来进行活动分组

小组活动是教师教学过程中常用的教学方法。通常情况下，教师会根据学生的座位情况、学习成绩或者学生性别等进行分组。在基于多元智能理论的小学英语阅读教学中，教师可以根据学生的智能情况，对学生进行分组。

（5）运用多元化的教学手段

在基于多元智能理论的小学英语阅读教学中，要设计丰富多彩的教学活动，从而提升学生的学习兴趣，激发他们的求知欲。另外，要学会使用多元化的教学手段。在信息技术高速发展的时代，教师可以将多媒体的优势极大地发挥出来。运用多媒体教学手段，展示图片、视频、音频、动画等，使教学更加方便快捷，节省更多板书的时间。另外，视觉和听觉的双重冲击，将极大地增强学生的学习兴趣，同时也让知识变得更加生动、直观、易于理解和掌握。

（6）采用多元化的评价手段

关注学生的个体差异，也倡导多元化的评价方式，关注学生个体的成长与变化，并及时进行有效评价，引导学生更综合、全面地发展。传统的用成绩进行评价的方式已经不能满足教学的需求。基于多元智能理论的小学英语阅读教学，要求从多个角度对学生的学习进行评价。教师可以通过课堂观察、学生之间的互评、学生自我评价等多维度地掌握学生的学习情况。这样一来，教师既可以全方位地了解学生，又能让学生全面地了解自己，增强学生学习过程中的自信心，体会学习带来的快乐。

（二）开展互动阅读活动

小学生英语阅读学习效果和能力的提升并不是只能在课堂教学中完成，教师还可以围绕核心素养的基本要求开展各种课外互动活动。教师应为学生创造更多的英语阅读机会，增加他们在英语阅读学习方面的积累，同时利用互动阅读活动吸引更多的学生参与，鼓励他们在与他人的交流中得到成长，帮助其培养良好的英语阅读思维品质。

（三）增加英语绘本的运用

1. 精选英语绘本

教师应选择合适的绘本素材，不断丰富小学英语阅读教学的课上教学内容与课下教学形式，丰富学生的知识阅历与英语积累，调动学生的英语学习积极性，引导学生形成自主学习意识。这种教学方式能够在激发学生英语学习兴趣的同时，循序渐进地增加学生的阅读积累量，培养学生的阅读学习能力与良好学习习惯，进而在不断提升学生英语学习水平的同时，促进学生英语核心素养与综合能力的进步。

2. 创设阅读情境

合适的课程教学环境与阅读学习情境可以让学生的注意力快速集中，积极和教师互动交流，同时主动配合教师或者家长完成自主阅读任务。教师在课上开展教学活动的过程中，可以采用趣味教学策略、游戏教学方式以及英语绘本应用策略等，为学生营造良好的英语阅读学习氛围。

3. 引导学以致用

英语语言学习的最终目的是实现学以致用，即不能仅限于课堂，还应当延伸到现实生活中。因此，教师开展绘本阅读教学必须选择具备生活情境的故事内容，使学生在故事的引导下完成生活应用。

4. 丰富阅读活动

英语绘本作为一种有利于提升小学生英语阅读质量的应用工具，虽然本身具有较多的应用优势和实用价值，但教师单纯依靠绘本并不能全面提升小学生的英语学习水平。所以，教师在教学过程中应开设基于英语绘本故事的阅读活动，采用趣味性、多元化的教学引导策略，以此有效培养和激发学生的英语阅读兴趣。

（四）营造良好的阅读氛围

良好的学习氛围在小学英语阅读教学中至关重要，小学生在开展学习的过程中比较容易受到外界事物的影响，基于这一点在小学英语阅读教学中营造良好的阅读氛围非常重要。教师在营造良好阅读氛围的过程中，可以采用分组学习的教学方式，在不同的阅读小组之间开展竞赛活动，以此来激发学生学习的积极性，学生在竞赛过程中能够自发地参与到英语阅读教学当中。部分班级学生的英语基础较差，难以有效实施分组竞赛的教学方式，教师可以通过搭建英语阅读角来引导学生参与到英语阅读当中。在搭建英语阅读角的过程中，教师要尽量选择一些单词、语法较为简单，同时内容又比较丰富的图书，从而一步步培养学生的阅读兴趣。良好的阅读氛围不仅能够有效促进英语阅读教学工作的落实，更能够帮助学生形成良好的阅读习惯，培养学生的终身学习习惯，对于提高学生的综合素养有积极意义。良好的阅读氛围并不是教学工作的结束，而是教学工作的开始，在阅读氛围形成之后，教师需要根据教学工作以及学生的发展需求，为学生制订更加科学的阅读计划。

（五）提升教师信息技术应用水平

1. 提升教师信息技术综合素养

为了用好信息技术，广大小学英语教师应定期接受相应的专题培训，从而通过学习不断提升自己对信息技术的掌握能力，确保教师信息技术综合素养的持续提升。在这一问题上，通过相关学习，一方面，教师可以熟练地操作多媒体设备；另一方面，其可以正确认识到信息技术对于辅助教学工作的重要价值，这有利于教师在后续教学过程中积极做好信息技术的合理渗透与应用。

2. 利用信息技术优化课堂氛围

为了在小学英语阅读教学工作中充分发挥信息技术的价值，教师应在课前结合相关内容积极收集网络资源，从而在讲授课文的同时引导学生对其他同类型的文章尝试进行阅读练习，进而培养学生的阅读能力。另外，教师可以结合信息技术丰富文章的展现形式，并组织学生开展小组竞赛活动等，进一步优化课堂氛围，激发学生对于应用知识的探索热情。

第五章 小学英语词汇教学策略

在小学英语教学中，词汇教学是重点，因为只有掌握了足够的词汇，才可以更好地开展英语的听、说、读、写活动。所以，在小学英语教学中，必须开展词汇教学，为小学生英语的学习打好词汇基础。本章分为小学英语词汇教学的重要性和小学英语词汇教学的策略两部分。

第一节 小学英语词汇教学的重要性

一、广泛的跨文化交际需求

目前，英语依旧是大多数国家和地区广泛使用的交流工具，是国际性会议和相关活动的通用语言，英语学习是跨文化交际的基本需求。在英语跨文化交际中，英语表达涵盖的信息质量、英语口语的流畅、词汇运用的准确性、英语表达在语境中的恰当性等在很大程度上决定了英语交际的效果。为了实现良好的跨文化交际，掌握一定的英语词汇是语言学习中的基本条件，是语言学习的最初阶段，贯穿英语语言学习的全过程。从当前的应试背景来看，词汇记忆、考试运用成为英语语言学习中的关键部分，但忽视了英语语言在跨文化语言交际中的本质作用。

二、义务教育英语课标要求

英语是现阶段义务教育的重要部分，小学英语教学是基于义务教育英语课标要求的，并基于教育的总目标和规划，以促进小学生具备英语学科的核心素养，具备综合运用英语的各项能力，促进小学生的全面发展，培养高素质、高水平的综合型人才。在义务教育英语课标要求中，对语言技能、语言知识、文化内涵、学习策略等方面做出了要求，也要求小学阶段的学生经过英语学习后，要掌握字母词汇的结合方式，词汇的音、形、义，600～700个词汇，并能熟练运用一定的词汇和习惯用语。

三、国际人才培养现实需要

随着全球一体化趋势的加快，我国社会经济发展需要国际化人才，英语教育是我国人才培养战略的重要组成部分。在小学开展英语教学，把握小学这一黄金时期，依托小学生模仿能力强、好奇好动、记忆力强、学习吸收能力强等特点，加强英语语言知识技能的培养，并促进人文价值、想象思辨等各方面的培育。英语单词也随着时代发展而不断交融演化、推陈出新，通过加强小学英语词汇教学，不仅可以使学生更好地掌握知识，还可以培养学生的学习策略和方法，让学生树立终身学习的理念，从而紧跟时代发展的步伐，不断进行自我革新。

第二节 小学英语词汇教学的策略

一、小学英语词汇教学的方法

（一）故事教学法

1. 故事教学法的概念

瑞士儿童心理学家让·皮亚杰(Jean Piaget)在20世纪初期提出了“故事教学法”的最早雏形——“对偶故事法”。我国著名教育家陈鹤琴在20世纪初期对语言故事本身开展教学实践研究。直到20世纪中后期，威廉·史密斯（William Smith）教授将其具体命名为“故事教学法”，并且认为故事教学法适用于中国学生学习英语[①]。

从故事的内涵维度分析，人们普遍认为故事教学法是辅助教学的方法。具体体现在：第一，通过创设情境，运用故事容纳本节课的重点难点，从而帮助学生理解知识；第二，通过故事中蕴含的情感及哲理，陶冶学生的道德情操；第三，

① 李若琦. 基于古典文学故事内容的儿童美术体验式教学研究[D]. 哈尔滨：哈尔滨师范大学，2019：9.

通过讲故事营造轻松融洽的学习氛围和平等和谐师生关系[①]。对于故事教学法应从多个维度进行分析，从而高质量地完成教学任务，实现教学目标。

将故事作为教学工具。充分发挥故事的特有属性，创造出与教学内容相契合的情境，激发学生的有意注意，引起学生深入思考和探究。即在真实的教学活动过程中，发挥“故事”的工具作用，达成教学目标，并为其他教学模式的开展提供辅助工具。

将故事作为教学内容。故事形式多样，故事语言富于动性，且哲思深刻，充满趣味性，凝聚着一定的社会文化传统和价值观念。在实际的课堂教学活动中，教师有目的地选取有益的故事文本作为教学内容或对教学内容的补充，从而丰富教学活动，优化教学效果。

将故事作为教学过程。将故事的脉络发展作为课堂的教学过程，利用其抽象特质展开教学活动，并融入教学目标和内容，构建故事化课堂。这是一个共建的过程，即在教师明确教学主题、紧抓故事抽象特质的基础上，由师生双方有连贯性、节奏感地共同进行知识建构，达成教学目标，进而升华情感。

2. 故事教学法的类型

根据故事讲述人的不同，故事教学法分为教师讲故事教学和学生讲故事教学。根据故事教学的目的分为三类，一是促进学生知识理解的故事教学法；二是塑造学生思想道德的故事教学法；三是营造学习氛围的故事教学法，通常情况下，这三种类型的教学方法具有同时性，通过故事教学同时实现这三个目的。根据故事教学法中故事的题材和来源分为四类，一是神话故事教学法，在中西方神话故事选取中，主要以中国神话故事为主，中国神话故事背景遥远、故事离奇，特别符合天马行空的儿童思维；二是寓言故事教学法，寓言故事能巧妙地将叙事和说理集于一体，不仅能锻炼学生的想象力，还可以发展学生的逻辑思维能力；三是民间故事教学法，民间故事更具真实性，该教学法能让学生产生贴近生活的亲切感。这种故事教学法是将故事作为教学内容而展开，学生通过读故事、梳理故事、讨论故事等方法明确故事情节及其主题含义。根据运用过程将故事教学法分为两种，一是在某个教学环节用故事教学法，其目的在于激发学生学习的积极性或者促进对新知识的理解；二是故事的整体运用，其贯穿于整个教育教学过程。

① 任平敏. 小学语文教学中故事教学法的应用研究[D]. 济南：山东师范大学，2019：8.

3. 故事教学法在小学英语词汇教学中的应用

（1）利用故事教学法学习新词汇

教师在小学英语词汇教学中运用故事教学法，就是将学生即将要学习的英语词汇、短语，通过一些有趣的、幽默的且通俗易懂的故事呈现在学生面前，以此吸引学生的注意力。教师在运用故事教学法开展小学英语词汇教学时要考虑到小学生的年龄特征和认知能力，并结合教学目标进行合理的故事设计。

（2）利用故事教学法复习英语词汇

英语对于小学生来说，是一门较难的科目。当前，由于小学生英语学习思维的限制和英语教师教学方法的不合理，小学生的英语词汇学习大多通过死记硬背，记忆效果不够理想。因此，复习和巩固学过的英语词汇对于小学生来说是学习英语词汇的一种重要方式。在小学英语词汇教学中，教师不但要教会学生单词的读音和含义，而且要教会学生记忆单词的正确方式。在这个过程中，教师就可以通过故事的形式来帮助学生理解和记忆一些难度较高的单词，然后引导学生进行复习和巩固。

（3）利用故事教学法拓展英语词汇

如今，故事教学法已经广泛应用于小学英语词汇教学中，一是因为故事教学法十分适合小学生的心理年龄和性格特点，可以吸引学生的注意力；二是因为故事教学法的灵活性较强，教师不仅可以自己对故事进行改编，还可以让学生自己讲故事。在小学英语词汇教学中，教师运用故事教学法，不仅可以将课堂知识直观形象地传达给学生，还可以让学生掌握英语的发音技巧，进而培养学生对英语的运用和创新能力。教师可以让学生通过讲述故事和表演故事的方式提高自身的英语运用能力，以此激发学生的思维。学生在讲述故事和表演故事的过程中，可以加入一些自己熟悉的单词，也可以借助词典等辅助工具尝试使用一些自己没学过的单词。这样一来，学生不仅复习了学过的单词，还拓展学习了新的单词。

（二）自然拼读法

1. 自然拼读法的概念

在英语词典中，自然拼读被称为“phonics”，也被称为“字母拼读”或“自然发音”，它是英语国家语言教学的一门必修课，也是英美国家英语读写教学的一种方法。自然拼读法通过提高学生听到、识别和操作音素的能力，教会他们对应发音和识别发音的拼写模式。

自然拼读的一个定义是通过学习每一个字母的发音规则、不同字母组合的发音规则，以及不同音节的发音规则来学习单词的方法。在初级英语中80%的单词在拼读时都是有规律可循的，它还是以英语为第二语言的英语初学者学习发音规则与拼读技巧的方法。

《朗文语言教学及应用语言学词典》中自然拼读法的定义为在以英语为母语的国家中，教师教授学生阅读时普遍运用的方法，运用自然拼读法让儿童学会辨认字母与语音之间的关系，让儿童学习字母所代表的音素，再将词汇按照拼读的方式拼读出来。①

美国国家阅读小组将自然拼读法的意义理解为一种强调字母与语音对应关系的习得，以及用于阅读和拼写单词的阅读教学方法。尤其要注意的是，自然拼读不仅是简单的字母—语音对应的教学，还向学生提供学习策略，使他们能将字母—语音知识应用于阅读和拼写。

2. 自然拼读法的作用

自然拼读法是英语教学的关键，也是最有效的英语拼读方法之一。自然拼读法强调“音形对应关系”，学生在掌握这种对应关系的前提下，能够快速地识别单词、记忆单词，从而有效地提高学生对单词的拼读能力、拼写能力和阅读能力。

(1) 激发学生学习英语的兴趣

传统的英语课堂十分沉闷，教师重复性地讲解知识，学生机械性地记忆知识。在这种模式下地学生不会主动思考问题，也不积极参与活动，久而久之，就会丧失学习英语的兴趣。自然拼读法教学符合小学生的认知发展规律，结合动画、歌谣、绘本、歌曲等将形象生动的资源展现给学生，让他们在轻松有趣的环境中自然地学习英语，提高他们对英语学习的兴趣。

(2) 提高学生读写单词的能力

传统的英语学习方式大多依靠死记硬背，记忆单词像记电话号码一样不断地机械性重复。这种无意义的记忆方法不仅会使花费大量时间记住的单词很快遗忘掉，还会削弱学生学习的积极性，最终使他们丧失兴趣。自然拼读法的核心是

① 刘晓爽. 直接拼读法在小学英语词汇教学中的应用研究[D]. 济南：山东师范大学，2014.

使学生掌握字母以及字母组合的音形对应关系，让学生看到一个陌生的单词能够拼读出来，听到一个单词的发音能够准确拼写出来。自然拼读法可以把单词的音调、构造整合统一，将读写单词变成一种“编码游戏”，不再为记忆单词感到苦恼。

（3）提高学生自主阅读的能力

学生在阅读中遇到的生词、晦涩难懂的句意会使他们产生畏难情绪，不敢阅读，不想阅读。学习自然拼读法的最终目的是服务于阅读。有了自然拼读法这块基石，学生在阅读中遇到生词时能够快速地解码、编码、内化，减少阅读的障碍，提高阅读的速度。学生一旦体会到了英语阅读的乐趣就会主动阅读，读得越多，自然拼读法的相关知识的运用就越熟练，阅读理解力就越强，从而做到更多的自主阅读。

（4）帮助学生形成自主学习的能力

古人云：“授人以鱼，不如授人以渔”。教师在传授知识的同时，还要教授学生学习的技能，做到知识与技能的统一。学生掌握了字母及字母组合的音形对应关系，实际上是掌握了学习和探索无限知识的技能和方法。在面对陌生的单词和句子时，除了第一时间请教老师和查阅字典外，学生可以利用已学的相关知识去解锁未知知识，大胆积极地探索，最终形成自己的学习观。

3. 自然拼读法在小学英语词汇教学中的应用

（1）基于自然拼读归类单词

对于传统的教学方式，教师可以引入自然拼读法，针对性地提升学生的单词认读能力以及在表达时的读音准确性，从而提高小学生的英语综合学习能力。字母发音属于小学英语教学过程中十分重要的内容，教师可以将自然拼读法合理引入课堂当中，使学生能够更好地掌握发音技巧以及发音的基本规律，进行正确的拼读。教师在教学期间可以应用自然拼读法引导学生对已经掌握的单词进行学习，并对自己存在的错误发音现象积极进行纠正，强化对于正确读音的印象。在应用自然拼读法的过程中，进一步引导学生对单词体系加以完善。教师在小学英语词汇教学中，可以加强学生在单词分类积累方面的学习，对单词积累来讲，单词归类对于学生有一定的挑战，教师在教学单词归类内容期间，应当注重学生的主体地位，鼓励学生主动进行自主探索，适当地引导与补充。除此之外，教师可以通过自然拼读法让学生充分进行自主性学习，在获得拼读乐趣的同时使学生可以更好地完成单词的归类学习。

(2) 基于自然拼读感知单词

教师在教学期间可以针对性地提高学生的知识应用能力，基于多样化的练习方式，在练习过程中引导学生逐渐构建符合自身实际情况的知识体系，使学生可以在实践环节中运用已经掌握的英语知识。因为小学生具有相对强烈的求知欲望，传统的教育方式很难满足小学生日益增长的学习需求。基于自然拼读法的功能应用以及小学英语教学的现状，教师在单词教学期间可以通过师生合作方式创编文本内容，从而保障自然拼读法的顺利教学。同时，教师可以设计与学情相匹配的活动方式，为小学生创造更多的自然拼读法学习机会，从而提高小学生的单词感知与应用能力。

二、小学英语词汇教学的对策

(一) 加强微课的运用

1. 丰富词汇教学形式

微课教学不仅仅包含主干的教学视频，更包括辅助教学视频的课件、图片、音频等多媒体组合。通过实际的课堂观察得知，单独的微课视频在实际英语词汇教学中的应用并不广泛，一线教师更多采用教学课件、音频、视频相结合的方式。老师也都指出，微课应用于词汇教学是教育信息化的必然趋势，存在众多教学优势，但结合当前的教育形式而言，微课的使用也不可避免地存在一些弊端，如学生利用微课进行学习对其自主性要求较高，尤其对于初期英语学习者而言，其自主学习能力有限；此外，微课面向的是学生整体，并且微课教学设计以教师预设为主，较难做到以学生为中心，实现一对一的教学。因此，在将微课应用于小学英语词汇教学时，应当明确微课的教学地位，即微课是服务于小学英语词汇教学的。应当以小学英语词汇教学为中心，选择丰富的教学形式辅助教学，微课使用做到扬长避短，切勿本末倒置。

2. 提高微课教学个性化和针对性

在微课练习设计时，根据不同学习者的需求，设计有梯度的练习；在微课游戏创设时，也设计不同层级的游戏，逐步练习词汇。但在实际的微课应用中，单个微课视频确实难以保证满足所有学习者的需求。因此，在未来的微课设计中，一方面，继续保持已有的个性化设计，还可以通过提前设计学习单的形式，了解学习者的需求，在此基础上设计多个微课视频，使得学生有选择性地进行学习，从而提高微课学习的个性化；另一方面，微课融入小学英语词汇教学中，主要体现为三方面的作用：课前词汇预习、课堂词汇呈现及课后词汇巩固。词汇微课的具体应用也可以更加灵活，并不局限于词汇课的应用。尤其是在小学高段的词汇教学中，学习者已经有了基础，词汇教学作为对话教学和阅读教学的铺垫，设计词汇微课让学生在课前自主学习，其效果更好，也能使课堂教学更具有针对性。

3. 突出词汇微课重点教学内容

小学英语词汇教学包含词汇的音、形、义、用等多个角度。结合微课本身的微型化而言，“微”并不局限于教学时间的短，也可以指教学内容的微小。为了使英语词汇教学更有针对性，并充分发挥微课之“微”，可以在词汇微课中突出讲解英语词汇教学的某一方面。例如，通过微课重点讲解词汇的发音，抑或者将词汇中的某一语法点讲透。此外，由于微课教学相比于实际课堂教学而言更有目的性，因此应当注重微课视频中的教学顺序，在视频最初就告知学习者本课的学习内容，使学习者有所准备。同时，也要注意在微课中教师用语应当简练，减少过多的语言修饰，直奔微课主题，做到言简意赅。

4. 保持词汇微课定期更新

学生是处于发展中的人，小学英语词汇教学应当随着学生和时代的发展不断创新，微课教学也是如此，在选择微课教学素材时，除了保证素材的多样化外，也要注重教学素材的新颖性，教师可以以个人生活代入，或者选择时下新潮的人物事件作为素材，吸引学生的眼球。在微课中融入游戏元素是较好的方法，除此之外，词汇微课教学作为词汇信息化教学的重要形式，在开发制作的同时，也应保证微课获取途径的畅通性。即微课可以通过网络实现远距离传输，微课学习者可以在任意一种学习终端上通过网络学习并获取微课系统中的所有学习资源，使词汇学习不再受时空限制，学习者依据自身的学习需求、学习风格、知识背景来选择学习内容，调整自身的学习方式和学习进度。词汇微课平台建构形式多样，应根据实际教学需要而定，既可以是教师创建网站，也可以通过班级学习社群，还可以选择教师的邮箱。利用现代技术，使学生在进行微课学习时，实时与教师进行对话，教师也可以通过该平台及时解答学生的疑惑，进一步提高微课教学的交互性。教师及时搜集学生的疑难困惑，也有利于及时修改微课内容，不断更新。

（二）加强语境理论的应用

1. 丰富语境教学方式

在小学阶段学习英语词汇时，首先要学习音标，教师带领学生通过音标对单词进行拼读，再通过写作练习加深记忆，以此完成对英语词汇的学习。小学生的思维活跃，倘若教学方式相对单一，学生很难投入学习中，导致学习质量下降。所以，在进行小学英语词汇教学时，教师应灵活根据词汇特点对教学方式进行调整。

2. 通过语境联系上下文

在小学英语教学中，掌握一定的词汇量是学好英语的前提，词汇是阅读与写作的重要基础。随着英语学习进度的推移，学生掌握的词汇越来越多，依靠机械式的记忆已经不能满足素质教育的要求，大部分词汇释义也不再具备唯一性，出现了越来越多一词多义的情况，词汇的有效掌握也成为小学英语教学的重难点。语境理论教学可以让学生摆脱机械式的词汇学习方法，理解词汇的真正含义，让学生的词汇学习从“记忆”阶段蜕变为“理解”阶段。一词多义的现状与语法的运用是分不开的，单个词汇的含义是独立的，但在句子或文章中就产生了更多意义。

3. 认清文化差异

中西方文化差异较大，在英语学习中主要体现为语言表达形式上的差异。学生可能会不习惯英文的语言表达方式以及发音，所以教师在进行小学英语词汇教学时应具备灵活性，通过语境教学帮助学生对词汇的释义进行甄别，并列出语句进行举例，展现文化差异，进而突破特定语境的局限性。

（三）加强翻转课堂教学模式的运用

1. 翻转课堂模式的含义与特点

随着时代及信息技术的进步，传统的课堂模式已不能满足当今学生的学习需求，部分教师难以在传统的课堂中吸引和保持学生的学习兴趣。学生需求在变化，教育模式也在发生变化。近年来，学校出现了一种非常受欢迎的教学模式——翻转课堂，也称为“倒教室”或“反向教学”，它结合信息技术来“翻转”或“反向”课堂上通常要做的事情或功课。针对教师而言，翻转课堂是教师作为全程的组织者，引导学生花费大量时间进行课前预习，并在课上进行积极的讨论，引导学生自己主动解决学习中的问题。针对学生而言，翻转课堂是指学生自身更及时和更准确地接触各类学习资源，并且在课堂上进行更多的探索性的讨论与合作。总体而言，翻转课堂对学生来说是一种积极的学习体验。

需要说明的是，在翻转课堂教学模式下，学生需要观看老师准备好后下发的各项资料，除此之外，也可能需要阅读文章、查阅资料或者完成练习等。总之，翻转课堂会利用视频讲座、阅读作业、练习题以及教室外的其他基于数字技术的资源，进而在教室中开展基于小组的交互式问题解决活动。

随着移动设备的快速发展，翻转课堂在学校教育中已变得越来越常见，并且更多的传统课堂可能会利用翻转课堂中的视频演示等元素来补充课外工作，因为这些元素可以为学生提供丰富的学习资源。由此，很多学者将翻转课堂视为一种创新的教学方法，或者说是教学策略，它可以将课程内容从教室转移到家庭等课外场所，并利用上课时间通过开展有趣的活动和教师指导来解决问题。它是一种在教学中能最大限度地减少教师的教学量，且最大限度地实现师生一对一互动的教学方法。从教师的角度来讲，很多教师希望使用翻转课堂模式进行教学，因为这样可以让他们有更多的时间对个别学生进行有针对性的指导。从学生的角度来讲，翻转课堂的基本原理是提高学生在知识学习中的参与度，增加其与老师的接触时间。

“翻转课堂”教学模式在一定程度上推翻了传统的教学模式，被应用于各种教育环境中，为师生提供了许多优势，受到了越来越多学生的欢迎，也被众多教育工作者认可为一种创新且有效的教学方式，但是关于翻转课堂仍然存在一些争议。换言之，翻转课堂在教学应用方面仍面临着一些独特的挑战。例如，翻转课堂需要有效的课堂学习设计，也需要保证学生在家中和课堂上都能进行有效学习。然而，因家庭条件的限制，许多学生在家中无法使用网络信息技术；也有学生因需要在家中照顾兄弟姐妹而没有空闲时间进行学习；另外，部分学校也未配备好翻转课堂所需要的电子设备。因此，在翻转课堂模式下新型的授课和学习模式并不是每个学生都能适应的，所以它无法为所有学生服务。

2. 翻转课堂教学模式的作用

(1) 对学习本身的作用

翻转课堂通过在课外提供教学资源来逆转传统的学习环境，让学生在上课前通过自学获得知识，并通过学生之间或学生与老师之间的互动来使知识内部化，从而有效地激发学生的学习兴趣和热情。

与此同时，在传统课堂模式下，教师通常会花时间在课堂上介绍解决问题所需的技术内容，而让学生自己在家中应用这些知识和解决问题的方法。随着翻转课堂的出现，教师在课前通过在线视频等提供技术内容，学生则提前学习相关内容，并在上课时积极地运用这些知识来解决问题或进行其他交流活动，学生受益于活跃和互动的课堂环境，学习效果能得到较大的提升。

(2) 对培养思维与素养的作用

在翻转课堂的教学中，基于教师指导的探索性学习，能够最大限度地激发学生的上进心，从而使学生更主动地参与到学习当中，由此也可以帮助学生培养更强大的思维逻辑能力。

3. 翻转课堂模式在小学英语词汇教学中的应用

(1) 学生课前进行视频学习

老师需要制作一个简短的教学视频，视频内容要有预留问题，有教学重点、难点，时间约为10分钟，引导学生在课前学习将要教的英语词汇。

(2) 教师课堂答疑，增加学生对知识的理解

学生在完成课前预习后，老师会在课堂教学中讲解重点词汇以及学生难以理解的词汇，做到精讲和有针对性地教学，以此强化学生对于重点词汇的理解。

(3) 课后练习，帮助学生巩固知识点

课后部分主要是学习巩固。翻转课堂的最大优势在于将课堂有效地延伸，到课外，学生可以在家继续学习。课后环节，教师安排学习任务，巩固和强化学生对知识。

通过课前预习、课中互动、课后巩固强化三个步骤，将教学环节形成一个闭合的圆圈。学生的主体地位得到了充分的重视，教师关注学生的学习情况，并加以针对性的指导，课堂氛围也得到了很好的保障，而且微课视频的教学方式改变

了传统板书的枯燥无味，更加生动有趣。

（四）加强语言技能教学，提高语言运用能力

教师在教学中强调以知识传授为中心，重视知识的讲解与能力的提高，忽视了语言技能的培养，导致学生虽掌握词汇，但未将词汇与词汇应用结合学习，孤立地进行词汇学习。英语课程标准中要求英语教学传授语言知识内容，还要求培养和提高学生运用英语进行交际的能力。所以，教师要加强语言技能教学，提高学生语言运用能力。英语课标中指出，语言技能包括听、说、读、写以及这四种技能的综合运用。听是接受语言信息，理解语言符号代表的含义。说是将思维中的语言信息反映出来，通过头脑对语言信息进行加工重组。读是选择并吸取信息。写是输出技能，通过书面语表达头脑中的知识信息。四种语言技能密不可分，相互影响、相辅相成。因此，教师不仅要根据词汇的音、形、义、用法等内容合理进行教学设计，还要涉及听、说、读、写四项语言技能相应的教学，培养学生的英语表达和运用能力。

1. 营造良好的英语课堂氛围

英语作为学生第二习得的外来语，学生与英语接触的大部分时间仅限于课堂教学，教师应充分利用课堂时间最大限度地提升学生英语学习效果。由于高年级学生已经具备一定的英语语言基础，能清楚教师的英语指令，教师可在课堂中最大限度地使用英语讲解知识、提问、做活动，营造英语学习的环境氛围。坚持英语教学，锻炼学生英语语感，为小学生整体语言能力的形成奠定基础。

2. 多次、重复播放课本录音

教师播放录音让学生学习录音中英语词汇的发音，激励学生对录音内容进行模仿和诵读，使学生吸收语言材料，提高学生听力训练的密度和广度，训练学生的英语听力。学生通过模仿录音在潜移默化中调节英语口语的语音语调。

3. 引导学生理解词汇含义

“读”不仅指朗读，也包括阅读。小学生有一定的词汇基础和对有效信息处理的能力，对小学生来说，阅读是掌握词汇的重要方式。教师在教学时先讲解词汇，使学生对英语词汇有初步的认识。再根据学生的认知经验和学习水平选择难度适宜并与所讲词汇相关的阅读材料，指导学生注意词汇在阅读中的含义与用法。

巩固学生对英语词汇的理解，让学生掌握科学的阅读方法，提高对有效信息的处理能力。

4. 利用词汇造句

学生学习新词汇后，教师指导学生运用所学词汇进行造句训练。首先，教师对课本或篇章、句子中的词汇讲解释义，使学生理解词汇在句型中的含义与用法。学生通过教师讲解灵活转变句子成分，创造新的完整句子。通过词汇造句练习训练学生对词汇重新组合、编排以及"写"的技能。

（五）合理组织教学活动，有效开展词汇教学

根据词汇特点和学生年级，螺旋式开展教学活动。小学英语词汇有些共同的特点，教师在教学时要严谨详细地观察词汇，根据词汇的不同特点将词汇分类整理，使英语词汇教学高效有序地开展，提高学生英语词汇学习的效率。教师在教学时也要重视教学活动的目的。明确的教学目标决定着教学内容的确定与进行，保证教师有针对性地开展教学活动。教师还要深入探讨教材，把握教学重点，梳理出知识间的层次联系，确定与突出教学重点，准确高效地完成学习任务。

小学生较难保持长久的专注力，采用单一的教学形式容易导致其注意力分散，学习效率低下。因此，教师要开展多种形式的教学活动作用于教学重点，维持小学生的专注力。通过多样的活动形式将学生的思维状态集中于教学活动中，让学生在活动中放飞思维，充分调动学生的学习兴趣，让学生的知识和能力在兴趣中发展。

根据学生水平和能力特征，合理分配活动，促进学生能力优化。小学阶段是英语学习中重要的打基础阶段，教师要分析学生的能力特点，根据学生的能力水平和兴趣设计教学活动。根据学生特点，以学生为主体选择学生可以胜任的活动，使学生在有效的时间内最大限度地获取知识信息，提高学习效率，增强学生的自信心，为学生的英语学习奠定基础。

教师还要重视学生能力的补偿性。教师安排小组活动时要考虑学生的能力水平和特点，将不同认知水平、能力特点的学生分组合作。他们在小组活动中沟通合作，彼此互相学习，吸取他人长处，弥补自己短处，实现学习进步。

第六章 小学英语语法教学策略

英语语法教学一直是英语教学中广为讨论的热门话题，过去的很多年里，英语语法在英语教学占据着举足轻重的地位，语法学习是英语学习的重要构成部分之一，不仅是英语学习的枝干，还是英语听说读写学习的根基。在实际的教学中，小学生对语法的掌握很大程度上决定了其英语的听说读写能力，从而决定其对英语学习的趣味性程度。因此，语法教学是小学英语教学中不可或缺的一部分。本章分为小学英语语法教学的必要性、小学英语语法教学的策略两部分。

第一节 小学英语语法教学的必要性

一、英语语法教学的本质

在新一轮基础教育改革中，能力的培养成了教育的根本目的。在这样的背景下，如何贯彻立德树人的根本任务、如何恰当地培养学生的核心素养，成为学校教育中的一个重要问题，也是一个困难的问题。

关于核心素养方面，主要是指学生在经过学校学习后，应该具备与其终身发展需要相适应的必备品格与能力。在《教育部关于全面深化课程改革落实立德树人根本任务的意见》中指出，“学科能力作为学生智力、能力与特定学科有机结合的产物，正是其核心素养的关键能力在特定学科中的具体体现”。在第八次基础教育改革以后，对学生综合语言运用能力的培养成了教育目标。在此目标下，英语教学由“知识本位”向“能力本位”进行转变。

在基础教育改革的进程中，英语教学取得一定成绩的同时，也暴露出了一些问题，传统的教学观念并没有得到根本上的转变，大部分教师在教学过程中依旧是将精力主要放在学生的学这一方面，教学内容多以碎片化进行呈现，缺乏整合，因而很难促进学生能力系统的发展。忽视对主题语境的深层探究，会导致学生思维品质培养的缺失，而在英语教学中，语法教学始终占据着相当重要的位置，在英语学科素养的要求下，英语语法教学显得尤为重要。交际能力与语法的关系是十分密切的，交际中少不了语法。

在英语语法教学过程中结合具体的情境并且运用交际功能，可以使学生在准确掌握语法知识的同时，又兼具使用语法知识进行交际的能力。由此可见，合适的语法教学模式与英语学科核心素养的要求是一致的。语法教学是英语教学的基础，同时也是英语学科素养培养的基础。

二、英语语法教学的现实诉求

当前语法课堂教学仍然以传统的语法讲授为主，语法常态课上依然更讲究速度和效率，在“呈现—归纳—操练—巩固”这种简单直接的教学模式下，机械化地反复训练确实能取得立竿见影的效果，学生可以很好地应对习题。但在综合运用语法知识时，传统的机械的语法教学方式并不能使学生完全理解语法知识在真实语境中的运用。因此，恰当的语法教学模式不仅可以打破训练学生单纯记忆语法规则的传统教学模式，而且可以提高学生的语言综合运用能力，进而将语法教学在英语教学中的作用充分发挥出来。

三、语法在小学英语教学中的重要性

（一）语法知识是语言运用能力的基础

小学在学生整个英语学习生涯中是非常重要的阶段，代表着英语课程的启蒙，而语法的学习是其中一个不可忽视的重点内容。语法体现词与句子的构成规律，是英语学习的基础。

语言是一种具有高度系统化特征的人际沟通工具。作为语言系统的一部分，语法规则是人类在长期的语言实践中所总结的一种语言结构规律。在小学英语学习中，一些教师过分强调语法知识的传授，对语法知识进行机械性的训练，而另一些教师则轻视语法，仅仅注重提高学生的语言交流能力。但不管怎么说，在英语教学中，语法一直占据着举足轻重的地位这一点是无可置疑的。著名语言学家威尔金斯（Wilkins）曾指出，对一种语言语法体系的习得依然是语言学习中的一个重要环节，语法是获得语言运用创造性的手段，缺乏语法知识会严重影响交际能力。我国学者对我国英语教学历史总结后得出结论：“语法教学，过分强调了，会给英语教学带来负面影响；若忽视了则会带来不可弥补的缺憾”。从语法的教学作用来看，语法是教学中的重要组成部分。学习一种语言必须能判断什么样的表达方式是正确的，什么样的表达方式是错误的。理论上的规则与标准能够帮助我们判断自己所使用的语言是不是正确的，是提高英语表达的正确性和恰当性的基础。只有学好语法才能保证语言交流沟通的有效性和准确性，所以要想学好英语，必要的语法知识的学习是不可或缺的。

现代语言教学理论一致认为，掌握语法是培养学生语言运用能力的一条极为重要的路径，良好的语法知识是语言运用能力的基础。学生只有熟练识别和掌握语法后，才能在语言交际活动中运用自如。从小学生英语学习的特点来讲，虽然语法教学在小学英语教学中已经不占有绝对的主要地位，但忽视语法教学是不可取的。小学阶段是英语学习的初学阶段，是学生养成良好语言表达习惯的关键期。在课堂上，我们不仅要注意以丰富多样、有趣的方式组织各种语言活动，更要注意把语法形式融入教学活动中，让学生掌握英语的一些基本用法。否则语法在课堂上完全淡出，会导致学生在小学阶段对语法知识的了解寥寥无几，到了初中，学生会直接接触到更多、更复杂的语言运用规则，这就会让学生感到困惑，时间一长，他们就会对英语失去兴趣。因此，在英语教学中，语法教学是必不可少的，而怎样才能引起学生的兴趣，并且易于掌握才是需要教师注意的。因此，要根据英语语法的知识结构，有步骤、有计划地进行教学，当然，在这一过程中必须考虑到学生的认识发展规律和心理特征。语法在整个英语教学中的地位和作用问题，已经不是语法该不该教的问题，而是“教什么”和“怎么教”的问题，而“教什么”主要是指教学中语法应该教授的范围。

（二）语法知识是提高学生听力能力的基础

听力理解考察的是学生通过听力内容中的对话和独白，推理和判断说话人意图和态度的能力。在这个过程中，语法具有举足轻重的作用。学习者在掌握语音、语义的基础上，还应具备相应的语法知识。英语学习不同于汉语，学生在学习英语时缺乏语境，往往在听力过程中会因为说话者语速过快等情况而无法捕捉到重要信息，或是只能听懂只言片语而无法准确理解说话者的整体表达意图。尤其是在长篇听力材料中，语法对学生理解语言的逻辑性大有裨益，它能帮助学生迅速理解前后转折或并列关系，确定音频话语的解释方向，在这个基础上学生可以更快锁定关键信息，找到正确的出题点。

（三）语法知识是提高学生写作能力的保障

写作是一个复杂的过程，它考察的是学习者的英语表达能力。一篇优秀的作文势必会受多种因素的制约。例如，写作思路、中英文表述差异、词汇拼写、语法障碍等。英语重结构、多长句，而汉语重语义、多短句。

长句的正确使用往往受制于写作者的语法能力，即使是基本的语法形式错误，也势必会影响到作文的质量。小学生在进行简单的英语写作的过程中，普遍会出现的问题就是使用翻译法，将汉语表达的句子直接翻译为英语句子，从而极易出现语序混乱及语法误用等问题。当掌握了语法知识，了解了语法意义和语法规律，便可以在学习实践中利用语法知识合理地遣词造句，使英语语句连贯、有条理，使上下文更具有逻辑性，最终提升写作水平。

第二节　小学英语语法教学的策略

一、小学英语语法教学的方法

学生在课堂上的表现与教师所采用的教学方法有一定关系，如果教师采用适合学生及课堂的教学方式进行英语语法的教学，不但不会让学生感觉语法学习是一件单调乏味的事情，反而会让学生主动积极地加入课堂之中，提高学生的学习兴趣。因此，为了提高学生的学习兴趣，教师应当结合本节课的语法知识，利用适合的教学方法，从而有效地集中学生的注意力，让学生真正融入语法课堂。

（一）四步教学法

四步教学法是近年来受到广大教师青睐的一种新型教学方法，这一教学方法的应用和实施能够有效地提升小学英语语法课堂的效率，实现英语课堂由“以教师为中心”向“以学生为中心”的转变。四步教学法主要包括学生的自主学习、学生之间的合作交流、学习后的反馈达标活动以及最后的检验提高活动，通过这四步的学习，学生能够对语法知识进行全面准确的了解，并能够将所学到的知识应用到日常学习中。

自主学习阶段主要是指教师要培养学生的自主学习能力和意识，通过设计预习、复习等活动，让学生发挥自身的主观能动性；合作交流阶段是指教师在充分把握本班基本学情的基础上，将学生分为不同的小组，为学生设计一些小组活动和任务，发挥学习小组和榜样的带动作用；反馈达标阶段主要是指教师要为学生提供一定的汇报和展示的机会，让学生通过练习汇报以及讲题等形式将自己所学到的知识展现出来；检验提高环节要求教师注重学生的实践性和输出性，学习语法知识的目的是要学以致用，因此学生在学习和掌握了语法知识后，应该能完成一些相应的练习，这就要求教师为学生设计一定的实践活动和实践型作业。

（二）演绎法

演绎法指的是一般到个别的认知方法。演绎法的特点包括清晰的条理性和较强的系统性。教师在讲授某一语法时，先给学生讲语法规则，再举实例，以帮助学生理解，然后让其巩固练习该语法。

演绎法的教学优势有：系统性强、课堂效率高等。这种教学能节省学生学习复杂的语法规则的时间，同时也由于其一开始就教给学生准确的表达方式，故有助于提高学生考试时的自信心。但小学英语语法教学中一般采用隐性语法教学方式，教师在教语法时应采用如隐性的呈现与讲解。因此，在小学英语语法教学中一般不提倡使用演绎法。

（三）归纳法

归纳法是指从个别到一般寻求事物的普遍特征。教师在教学过程中，恰如其分地运用归纳法，能够在课堂上实现“以学生为中心”。教师选择符合学生的内容，让学生积极地投入其中，主动思考、分析，在教师的指导下归纳出相关的语法规则。

这样不仅锻炼了学生的自主思维，保持学生学习英语的兴趣，还提高了教学质量，提高学生学习的信心和解决问题的能力。如果教师所提供的例子多而且很典型的话，相对于演绎法而言，用归纳法学会的语法能给学生留下更深刻的印象，因为由他们自己发现的规律更利于记忆。

（四）引导发现法

引导发现法是在教学体制不断改革的背景下得以衍生的一种全新的教学方法，得到众多教师的一致认可，被广泛地应用于小学各个科目的课堂教学中，其对于提升教学效率和课堂教学质量都具有重要的作用和意义。引导发现法是教师依靠对学生学习情况的分析和掌握，并根据所搜集的学科信息，在课堂教学过程中运用合适的方式来引导学生发现问题，使学生在教师的鼓励和帮助下通过自身能力来分析和解决问题的教学方法。在此过程中，学生通过不断的训练和总结，发现英语学习中的各项结论和规律，提升感悟能力和归纳能力。

由此可知，引导发现法是以学生为中心的教学方法，对学生发挥主观能动性具有良好的促进作用。教师合理应用这种教学方式，不仅能够激发学生的学习兴趣，还能够帮助学生掌握科学的学习方法，充分锻炼其学习能力，增强学习效果。引导发现法也是由教师引导学生自己去发现语法规则，其发现的过程是由教师的细心引导和语法规则的显性展示和教学来进行的。

（五）比较法

在教学中运用比较法，可以有效促使学生凭借自身的知识结构，通过分析对比去发现事物间的相同点和不同点，然后再加以归纳概括。

比较是所有认识和思考的根本，只有借助比较，人们才能深刻地认识整个世界。倘若一个新的事物出现在我们面前，而我们既不能把它与任何事物相比较，也不能把它与任何事物相区别，我们就不能认识并掌握它。这突出了比较对于认识和掌握事物的重要作用。

（六）图画法

小学英语语法知识对于学生来说，较为抽象，小学生因其年龄特性，不易理解，因此会产生对英语语法知识学习的畏难情绪。教师为了改变这种现状，有效激发学生对语法知识的学习兴趣与信心，可借助思维导图来促进学生对英语语法知识的高效学习，让学生不断吸收英语语法知识的精髓，以提高学生的学习效率。

在小学阶段英语现在进行时的第一个教学活动当中，教师可以为学生展示一些学生本人所拍摄的相关的图片。在图片上，有的学生正在打扫房间，有的学生正在看电视，有的学生正在玩电脑游戏，有的学生正在打篮球，有的学生正在弹钢琴，等等。这样的真实的图片呈现其实给学生创设的是真实的语言表达和语言学习的情境。同时，由于教师给学生展示的是他们本人的相关图片，势必能够有效地激发学生对于现在进行时的学习兴趣。接下来，教师在为学生展示他们的相关图片的基础之上，引导学生尝试运用现在进行时来描述图片上的相关内容。在这样的教学活动当中，学生不仅充满了对于英语语法学习的兴趣，还能够在真实的语言表达情境当中，初步体验现在进行时的用法，丰富学生对语法知识的感知，进而强化他们对现在进行时用法的理解。

二、小学英语语法教学的对策

（一）遵循语法教学的相关原则

1. 确定教学目标，清晰定位教学过程

教师对语法教学三维目标的把握，对语法教学过程有着定位作用。语法教师不仅要教授语言的形式，还要讲解语言的意义和使用方法。在日常教学中，教师的着眼点不仅要放在语法的一般形式上，还要重点分析语法所传达的核心意义及用法，即目标语法在什么情况下使用、具有什么样的语言功能、是用来表达情感还是陈述事实的等。

2. 语法教学的相关原则

（1）语境真实性原则

语境真实性原则是指创设的语境必须是真实的，在进行语境创设时，要保证输出的语言是真实可靠的，同时态度、情感、行为也要符合常理，并且符合特定的情景，不要创设一个痛苦的语境却蕴含着开心的氛围。例如，秋天树木发芽了、篮球比赛时是足球的画面、小李在飞机上洗澡，这些显然违背了语境真实性原则，学生在这样的情况下无所适从，很难准确把握所学知识。因此，语境创设要以学生语言生活实际为基础，让学生在真实的语境中学习，使学生学以致用，产生更大的兴趣，并且愿意投身学习中，从而更好地培养语言交际能力。

(2) 交际性原则

交际性原则是指语境是在交际中产生的，没有交际的发生也就不会有语境的存在。伴随着交际教学法的产生和不断发展，英语教学中交际原则的重要性越来越凸显。英语语法本身具有结构功能和交际功能，语法教学让学生感到枯燥乏味的原因之一就是过于注重语言规则的讲授和句型的机械操练，师生和生生之间缺少互动交流。因此在语法教学设计与应用过程中，教师设置的交际任务以及话语结构要符合语境，这样才能使学生在交际过程中真正理解并掌握所学语法的功能和意义。

(3) 文化对比原则

文化对比原则是指教师在语法教学中要善于引入不同国家的文化进行对比，提升学生跨文化意识，扩展知识储备。语言是文化的载体，在进行语言教学时不可避免要渗透文化因素，每种文明都伴随着符合当地文化特点的语法规则。例如，英语和汉语中特殊疑问句的结构有很大差异，这是因为英国人以结果为导向，而中国人以过程为导向。不同语言的语法规则既有相同点，又有不同点，在进行语法教学时要充分发挥语法规则之间的正迁移作用，尽量避免负迁移现象的发生。因此，在进行语境设计时恰当地使用文化对比是很有必要的。对话语形式、意义、功能、文化等进行全方位、多维度的对比，以此来激发学生兴趣，扩展背景知识。

(4) 差异性原则

此种原则依据学生知识水平差异、学习语法知识的实际难易程度等，来设计学生的语法任务。可依据难易程度完成多个语法任务的设计工作，凸显层次方面由难到易、循序渐进、由浅入深的结构。语法任务相对容易与简单时，易导致学生形成形式化学习方式，当解决难度合理的问题时，才能让学生学会研究、探索以及学习。

(5) 开放性原则

若想培养学生的学习素养，需要在任务设计方面运用开放观点，语法任务开放性分为两大状况。

第一，解决方向具备开放性。语法任务设计对应的解决方法并不唯一，而是存在解决问题的诸多途径与方法，提倡学生从不同方面对问题加以解决，以不同方法使得相同问题得到解决。提倡学生积极尝试，以使创造性思维能力得到充分发展，并令思维定式随之消除。此时，学生具备自由发挥的空间，可结合各种方法以及视角对问题进行思考，进而多角度形成心理兴奋，利于学生创新能力的培养、创造性思维的发展。此外，在进行语法任务时，需阐明思路，在潜移默化中对处理问题的基本方法加以渗透。在学生对基本方法有所掌握后，可举一反三，令其思路变得更为开阔，提高完成语法任务的能力。

第二，语法任务体现开放性，被包括在语法任务之中的语法内容，并非在教科书内封闭，而是多方位地向课外开放，整合其他诸多学科知识，关联学生的日常生活，延伸至学生的心灵世界。基于语法任务这一平台，以语法内容作为轴心并向外辐射，学生的视野将变得更为开阔，精神世界也将更为丰富，综合实践能力也将增强，为学生的可持续发展打下坚实基础。

(6) 指向性原则

第一，明确教学重点。语法教学重点是设计语法任务时需对课标要求有所体现、与模块关键点等相符。心理学家约翰·亨利·霍兰德（John Henry Holland）作为程序教学的提出者，通过实验表明，练习若并未与核心内容存在显著关联，往往对学习无益，仅当练习关联于学习的核心内容时，才可令学习得到推进。

第二，基于学生实际。设计任务需要以学生知识水平、心理特点等为参照。需确保难易适中，若过于容易，学生往往无须动脑，无法对此产生强烈兴趣；反之，学生难以完成，信心随之丧失。依据综合高难度与量力性的基本原则，使得学生在老师指导下，在开展思考活动后，即可有效完成语法任务。

(7) 情境性原则

语法学习的最终目的在于使用恰当的语言进行交流，以达到沟通的目的。在进行语言教学的时候，应该在适当的语境中让学生体会语法结构的使用场景，以此帮助学生学会在适当的情境中使用语法结构。“情景”对英语语法的意义建构有极大的作用，利用交互式电子白板设备提供背景资料，如视频、录音、图片等，不仅能够帮助学生体验不同场景，也能提供不同种类的信息资源来支持学生主动的“学”，最终达成意义建构。因此，教师在进行语法教学时也要充分利用智慧课堂技术，为学生搭建一个可以真实使用语言进行交流的环境，这是教学策略实施的关键环节。

(8) 隐性—显性原则

小学英语的语法教学在学生整个英语学习过程中有着举足轻重的地位。对于语法教学，国内外许多专家已经达成共识，即语法必教。如若没有扎实的语言基础，就不能培养良好的语言能力，而只有在语言能力的基础上才能谈文化意识和思维品质。在进行语法教学时，必须坚持隐性—显性教学相结合的原则，且应该先隐性进行输入，再通过显性教学帮助学生类比、归纳、总结语法规则。基于智慧课堂的语法教学策略运用也需要坚持这样的语法教学原则，使用智慧课堂技术也能检查学生是否通过隐性—显性语法教学真正将语法知识内化为自己的语言能力。

(9) 整体性原则

语法任务并非独立存在的个体，而属于互为关联、影响，构建起有组织、有计划的一个有机整体，即整体性。整体功能明显超过各大独立功能的总和。

首先，协调安排各类语法任务。结合建构主义观点来看，建构首先是以新的语法知识为对象的意义建构，其次也涉及改造并对原有语法知识进行重组。依据教材中相关语法内容，设计一个可操作的语法任务。结合实际来看，语法内容将交叉出现于教材的前后，前面提及的语法内容也在掌握后面语法内容时有所运用。所以，设计语法任务需要基于教材整体，科学地对语法任务中出现的语法内容进行安排，确保前后语法内容具备关联。依据语法教学工作的重点以及目的，设计语法任务时需要以语法内容的具体要求为依据，体现出语法任务解决自浅入深、自外到内的进程。

其次，组织语法任务要有计划、有序列。有计划地安排语法任务，一是各种语法任务要统筹考虑；二是不同的任务要有一定的序列和侧重。具体来说，要考虑授课语法内容和学生个人能力差异，需针对要求难易程度、语法内容深浅等进行区分；需对知识的递进加以考虑，需合理安排旧知以及新知。依据语法任务实际大小，可划分语法任务为大、小语法任务，表明基于大语法任务的统领，与小语法任务相关的方法、知识并全面覆盖语法教学工作的具体目标，并确保重点得以凸显。通过大、小语法任务的充分结合，构建起较为完整、前后呼应的一套语法任务体系。

(10) 归纳性原则

此种原则在归纳语法内容、培养学生能力等方面得到体现。

第一，语法的归纳。需将教材语法知识点涵盖其中，在完成语法任务的过程

中，学生需运用学科知识，与同伴开展合作以使实际问题得到解决

第二，提升学习能力。在完成综合语法任务的过程中，学习能力也可得到培养。学生在语法任务的完成进程中，需要与教师以及同伴开展交流活动，需查找相应的语法学习资料，需对已掌握信息进行分析，需对学习成果进行整理，完成语法任务以后，各方面能力也随之得到有效培养。

（11）启示性原则

《学记》之中提及，老师需满足“道而弗牵，强而弗抑，开而弗达”，这在设计语法任务方面也同样适用，即学生需依托于语法任务获得启发。在设计语法任务方面，对启发性原则的遵循可结合如下方面得到体现：一是学习动机的激发。语法任务设计需要与生活、学生更为贴近，需有趣且新颖，学生自身才会产生探究兴趣，进而形成高涨的学习热情，使得他们在问题解决方面更具积极性，激发其学习兴趣。质量较高的语法任务的设计，可令学生自身的成就动机得到激发。因语法任务要求发挥驱动作用，学生在完成任务后，个人语法习得能力也能得到提升，且通过不同任务对英语语法形成更为深刻的认知，可令学生在学习方面的积极性、自觉性得到充分调动；二是启发学生学习思路。在语法任务和语法内容方面“精挑细选”，教师对学生产生困惑的地方提供指引，用明快且简洁的语言启发学生，学生可沿相应思路对问题进行深层次的思考，通过掌握的知识寻求问题解决的途径；三是提升学生的自我意识。教师对语法任务进行点拨，使学生总结语法规律，且可举一反三，在全新情境中灵活运用语法知识，通过启发使学生掌握思考问题及解决问题的方法，直至养成良好的学习习惯。提倡学生提出质疑，逐步提高自我学习意识。

（12）贴近生活原则

如今，学习社会化已成为重要标志，依据“教育即生活”这一口号，人们提出学习即生活，表明不再割裂生活以及学习，一旦真正掌握相应事物，即可随时在生活之中运用。设计与学生生活相关的语法任务，才可令他们的学习兴趣得到提高，使得他们可真正运用所学知识解决生活实际问题。问题得到顺利解决，学生才可对学有所用产生深刻体会，学习信心也随之得到增强。

（13）主体性原则

作为教学活动的主体，教学活动的设计都需要围绕学生的需要进行。同样，

英语语法教学也需要建立有效的以学生为中心的课堂环境。

以学生为主体，是教学策略研究与实践的出发点和落脚点。在网络时代，现阶段的小学生受到社会的影响，对于电子产品有着较强的理解能力和使用能力。学生的现代化信息素养为英语教学融入新媒体课堂提供了技术操作的可能。然而，教师也需要利用好新媒体课堂的各项功能，立足于学生的自身发展，激发学生的内在学习动力，鼓励学生积极主动地将课堂上教师所讲授的内容内化。将学生放在教育教学的中心，时刻记住学生是学习的主体，这是基于新媒体课堂的英语语法课的设计基石。当然，教师在整个教学环节中的主导作用仍是不容忽略的。教师的主导作用就是要使学生的学习动机、主观认知转化为自觉行动。

以学生为主体，就是要坚持语境语法教学的核心理念，以语境作为基础、学生作为中心、教师作为辅助，教师扮演引导者的角色，辅助学生进行语法归纳，设置任务活动使学生进行互动练习，同时监控交际活动的开展，引导学生主动探索、大胆归纳，进而内化语法规则及意义。因此在进行语法教学的设计和应用时，要坚持学生的主体地位，合理设置语境，引导学生自我探究，自我发现语言使用的规律，借助语境的帮助，学生可以潜移默化地掌握语法知识。

（二）联动多维感官，促进语法感悟

教材中的内容由于具有静态、平面化的特点，对于低年龄段的学生来说十分抽象，难以理解。所以，学生在学习英语语法时很难产生兴趣。基于小学生活泼好动，更易于接受动态、立体、生动知识的天性，教师可在英语语法教学的课堂中融入图片、视频、动画、音频等多种素材，助力学生形成直观的、丰满的英语语法印象，从而激发学生的学习热情。例如，在外研版小学三年级英语下册可数名词单复数的课堂中，教师给学生放了一首简单的英文歌 *Five little monkeys* 在欢快的音乐旋律中，学生紧绷的神经放松下来，纷纷去揣测歌词的意思。接下来，教师让学生观看了与这个音乐有关的趣味性的视频。学生在用眼睛去看、用耳朵去听的过程中，发现了小猴子们从最初的五只到只剩下最后一只时，背景音乐也从“five monkeys”到“one monkey”，于是对可数名词单复数这一语法知识有了多维感官的具象化体验。在这一过程中，教师抓住机会，提醒学生在看视频、听音乐的时候应该注意哪些重点。

（三）布置写作任务，促进语法运用

写作是语言输出的主要形式之一，是培养学生对知识的迁移运用的重要途径。因此英语课堂应设置相应的写作任务，通过写作将语言知识外化于行、内化于心，在写作中提升学生运用语言表达思想、情感、态度和价值观的能力。但写作的完成不是一蹴而就的，而是建立在学生对语言的形式和意义的深入理解的基础上。只有基于对语法知识的感知、发现、归纳和语言输出支架的搭建，才能使语言的输出水到渠成。学生由读到写的过程就是实现语言由输入到输出的过程，教师帮助学生搭建有效的语言与思维支架是实现学生高质量写作的保证。例如，教师立足于学生已掌握的知识，设计了让学生为自己的父母设计名片的活动。课堂上学生首先以小组为单位讨论文章的结构。有了前几个环节的学习，学生很快能从appearance、hobbies、jobs等方面入手罗列出写作大纲，接着继续讨论写作时的注意事项。学生讨论后发现书面语是严谨的，需要运用正确的语法知识，否则会表意不清，因此在书写时要注意动词的适当形式。

（四）积极运用微课，丰富语法教学板块

随着教育理念以及互联网技术的不断发展，英语教学形式不断创新。其中，微课作为互联网发展的产物，被广泛地应用于英语教学之中。当代小学生从小接触网络以及电子产品，对于微课这样的教学形式能够迅速接受。小学英语语法教学在整个小学英语学习中是较为单调和枯燥的一个板块，但语法教学的重要性也是新课程标准中尤为强调的。那么，将微课应用于小学英语语法教学从而帮助学生提高英语语法成绩和学习兴趣值得广大小学英语教师关注。

1. 促进小学英语教师对微课的全面认识

首先，微课的运用者是教师，因此要优先从教师的角度出发提高小学英语教师运用微课辅助教学的能力，具体策略如下。

第一，小学英语教师要对微课有正确的认识，要能够体会到微课给小学英语语法课程带来的改变。一方面，小学英语教师要充分了解微课的概念，并且对微课的教学方法进行学习。只有这样小学英语教师才能更好地运用微课进行教学。另一方面，小学英语教师要认识到微课的特点，微课正是因为重点突出、趣味性强才深受广大小学生喜爱。

第二，小学英语教师要认识到微课能够提高英语语法的学习效果本质上是从微课的趣味性出发的。很多微课是以生活中的趣味现象为基础的，通过解读生活中的趣味现象从而达到吸引观众的目的。小学英语语法的微课也是如此，通过英语学习中的趣味事件带领小学生走进微课的情景之中。所以小学英语教师不仅要能够使用微课提高课堂的趣味性，同时还要吸取微课的思想，通过提高语法课程趣味性的方法来提升小学英语语法课堂教学的质量。

第三，小学英语教师要了解到微课以短小精悍的知识分割方法提高了小学英语语法的学习效果。相比于传统课堂的长篇大论，每一节微课的时间都是较短的，通常为 5～10 分钟。在 5～10 分钟的时间内微课通过趣味性的方法针对重点知识内容进行深度解析，让小学生能够在最短的时间内熟悉小学英语语法的重点内容。

恰好小学生注意力集中的时间普遍较短，传统英语语法课堂每一节课通常为 40 分钟，对于小学生而言是很难集中 40 分钟注意力的。所以小学英语教师要学习微课这种在短时间内释放关键知识内容的特点，也能够在日常英语语法课堂中进行这样的改变。

2. 提高教师运用微课辅助教学的灵活性

在小学英语语法教学当中，微课并不能成为主要的授课方式，而是需要以辅助教学的方式存在。所以，如何使用微课的辅助性就成为考察小学英语语法教师能力的关键因素。在微课运用上，提倡采用灵活的运用方法。

(1) 位置灵活

微课由于具有时间较短、趣味性较强的特点，因此可以出现在小学英语语法课堂的任何位置。不过，从课堂教学的角度来看，微课主要在以下三个位置出现，才能够体现最佳的课堂辅助教学效果。

第一个位置是小学英语语法课堂的起始。由于在学习的过程中小学生的注意力集中程度不佳，所以在小学英语语法课堂的开始使用微课能够将小学生的注意力吸引到课堂当中来。

第二个位置则是在学习较为枯燥、难懂的英语语法时。英语语法非常多，其中不乏晦涩难懂的语法知识，如果采用传统的教学方法则会降低小学生英语语法的学习效果。因此，将微课放置在这样的位置能够起到关键的引导作用，这样不仅能够以趣味性的方式讲解晦涩难懂的英语语法知识，同时又可以提高小学英语语法的教学效果。

第三个可以使用微课的位置则是课堂的中间时间。因为传统课堂的时间较长，如果小学生在枯燥的课堂中学习时间较长难免降低学习的效果。因此，如果微课出现在小学英语语法教学的课堂中间位置，则能起到承上启下的积极作用。

（2）微课的出现形式灵活

微课是以网络和设备为载体的网络课程，因此微课并不会受到地域的限制。所以，无论是在课上还是课后学习中，微课都能够发挥积极的作用。

英语语法的学习不仅要依靠课堂的内容，在课后也需要进行巩固与复习。老师可以布置课后观看微课的作业，这样既不会增加小学生课后作业的负担，同时也可以达到巩固英语语法学习的效果。

（3）运用形式灵活

微课大多数是以视频的形式出现，英语教师也可将微课中有趣的图片、有趣的视频、有趣的方法转载到自己的课堂上，通过微课的资源来提高小学英语语法教学课堂的趣味性和内容丰富度。

（五）设计教学游戏，激发学习兴趣

在小学英语语法教学活动中，设计教学游戏是激发学生学习兴趣、培养学生学科爱好、集中学生注意力的有效策略之一。兴趣是最好的老师，小学是学生初步接触英语学科的重要时期，这一时期对英语学科产生的印象将直接影响后续更深层次学习的效果。因此，在教学过程中，教师应以兴趣培养为主，在学生情绪饱满的状态下渗透语法知识。设计教学游戏可以从课前情境导入、课堂巩固记忆和课后开放式游戏三方面入手。教师可以在讲课前根据课堂教学内容情境创设简单易操作的小游戏，如趣味问答、谜语等，既不占用大量时间，又能快速将话题引到学习内容上。教师也可以在课堂上插入游戏巩固知识，在讲解完相关学习内容后进入游戏环节，利用游戏规则让学生集中精神聆听他人重复本课句式、语法词汇或自己反复朗读。学生通过游戏重复强调本课重点内容，可以形成牢固的记忆点。

在游戏情境中，学生的情绪较为积极，记忆速度、学习效率均有所提升。就课后开放式游戏来说，教师可以将课堂上的游戏延续到课下，请同学们稍微改变游戏规则，不限制游戏人数，让同学们在课余时间积极参与英语游戏，在游戏中巩固知识。

（六）设置生活化课后作业，提升语法素养

课后作业是巩固学生学习基础和课堂学习成果的关键途径。而传统的课后作业只是流于纸面化的形式，容易引起学生的反感。加之“双减”政策的落地，家庭作业的设计就变得至关重要。

那么，如何才能在增效和减负之间平衡家庭作业设计呢？生活化的家庭作业设计就是最好的选择。生活化教学是由陶行知先生结合中国教育状态所提出的教学模式，其主要思想就是将生活化的教学内容和教学实际结合起来，达到生活育人的目的。教师可以在作业设计的过程中借鉴这一思想内容，引生活教育思想之活水来灌溉小学英语作业设计。

同时，由于生活化的作业更贴近学生的生活，因此更易为学生所接受，这样就激发了学生的学习乐趣，达到了“减负增效”的效果。例如，在课后作业的设计中，教师可以组织学生对家里的家具进行英语标签设计。先给学生一些家庭常用的家具词汇，如电视（TV）、电脑（computer）、洗衣机（washer）、空调（air onditioner）、电冰箱（refrigerator）、桌子（table）、椅子（chair）等；再给学生一些房间的词汇，如卧室（bedchamber）、卫生间（toilet）、厨房（kitchen）、书房（study room）等，让学生回家之后将这些名词标签和家中的家具或者房间一一对应。通过这种趣味性、生活性的家庭作业，可以让学生在愉快的心情状态下完成作业，同时也能学到该学习的知识。

第七章　小学英语教学过程设计

一个好的英语教学过程可以有效提升小学英语的教学质量，因此英语教师必须设计好教学过程，那么怎样创建一个高质量的教学过程就成了学校和老师共同关心的问题。所以，在新时期下，如何设计教学过程是一个非常重要的课题。英语教师应根据国家和社会对英语教育的要求，认真地设计教学过程，为学生提供最佳的成长空间，使英语教学得到更好的发展。本章分为小学英语教学过程的形态与功能、小学英语教学过程主要环节、小学英语教学过程的设计三部分。

第一节　小学英语教学过程的形态与功能

一、小学英语教学过程的相关概述

（一）小学英语教学过程的本质

关于小学英语教学过程的本质，不同的学者有不同的观点，总结如下。

①教学过程是一种认识过程。

②教学过程是教师教与学生学的统一，但这两种活动却有着不同的性质。一方面，在教师教的活动中，教师是主体，学生是客体，教师教的活动是对客体进行转化和改造的实践过程；另一方面，在学生学的活动中，学生成为学习的主体，教学内容和教学材料是客体。学生的学习应该归入认识活动的范围内。在教学中，最重要的活动是学生的认知性活动，因此教学过程基本上就是一个认知性的过程。

③教学过程是一种特殊的认识过程：认识的间接性与概括性；认识的交往性与实践性；认识的教育性与发展性；教师的指导性与传授性（有领导的认识）；认识的简洁性与高效性。

（二）小学英语教学过程的基本规律

1. 直接经验与间接经验相统一的规律

二者的关系：学生的学习以间接经验为主；学生学习间接经验要以直接经验为基础。

教育要求：教学中要充分利用学生已有经验，增加学生学习新知识所必需的感性认识，以保证教学的顺利开展。

2. 掌握知识和发展能力相统一的规律

二者的关系：掌握知识是发展能力的基础；能力发展是掌握知识的必要条件。

教学中传授的知识应该是科学的规律性的知识：教师必须科学地组织教学过程；重视教学中学生的操作与活动，培养学生的参与意识与能力，提供学生积极参与实践的时间和空间；培养学生良好的个性品质，重视学生个别差异。

3. 教师主导与学生主体相统一的规律

第一，教师在教学过程中处于组织者的地位，应充分发挥教师的主导作用；第二，学生在教学过程中处于学习主体的地位，应充分发挥学生的主体能动性；第三，建立合作、友爱、民主、平等的师生交往关系。

二、小学英语教学过程的功能分析

（一）教学过程能培养学生的言语交际能力

1. 促进小学生英语核心素养的提升

在强调学科核心素养的今天，学生学科核心素养的培养是小学英语教学的重要内容，小学英语也是培养学生发展核心素养的关键阶段。自 2014 年“核心素养”一词被第一次提出，便有学者对其进行研究，而 2022 年英语新课标则是将“英语核心素养”加入课程目标当中。《义务教育英语课程标准（2022 年版）》指出，英语学科核心素养包含语言能力、文化意识、学习能力和思维品质四个方面。通过各种语言、非语言及策略来对不同情景下的语言活动进行理解和表达的能力即语言能力；对于中外文化的理解和鉴赏等跨文化的认知、选择行为即文化意识；通过调整学习策略、拓展学习渠道、提升学习效率来帮助英语学习的能力为学习能力；用英语进行多元思维活动，提升自己思维层次和水平称为思维品质。

小学英语的核心素养主要是指英语学习能力，英语学习能力与英语的听说读写有很大关系。英语学习不只是要记住一些单词、一些句子，而是要让学生会用这些知识，做到知识的活学活用，让知识发挥它在现实生活中的价值而不是让知识停留在课本上，促进学生学习能力的提高。言语交际能力由语言系统知识、语言技能和语境知识构成。

在英语教学过程中，教师应通过阅读、听力、写作、口语课等多种课型多元化地提升学生的言语技能，从而使学生掌握语言知识，并教授学生英语各板块学习方法，拓宽学生学习渠道，以提升言语交际能力为轴心发展英语核心素养。

2. 促进小学生语言运用能力的提升

现代英语教学的重要目的之一就是要培养学生在口头上和书面上初步运用英语进行交际的能力，即语用能力。学生储备了一定的语言知识，不代表具备了高水平的语言能力。

同样地，提高了语言技能，也不能说就会运用语言。语言知识的多寡在一定程度上决定了语言技能水平的高低，如果语言学习者缺少语言知识，那么他将无法依托听、说、读、写等实践活动来提升语言技能，因为基本的遣词造句就能成为他学习路上的“拦路虎”。

大部分人学习语言的目的是交流，语言技能也是通过实践这种交流活动来不断获得和提升的——学生通过实践活动不断地输入语言知识，再通过交际活动输出。因此，英语教师不应将英语教学演变为一个枯燥的学习语言知识的过程，而应该努力实现语言知识和语言技能教授的有机统一，促进学生语用能力的提升。这个过程好比教练教学游泳，教练在岸上教会了学员摆臂和伸腿的姿势，却不让他们下水，那么岸上的学员则永远无法得知在水下如何实现摆臂和伸腿的统一才不会沉下去，从而无法学会游泳。但掌握了语言知识，具备一定的语言技能，却不一定能提升语用能力，顺利实现交际目的。

因为人们的交际活动总是在一定的环境中进行的，受环境制约影响，这个环境就是语境。例如，中国人不爱在饭桌上讨论政治、职业有关的内容；在美国要避免谈及种族方面的内容，这都涉及社会文化语境知识。根据儿童发展心理学的研究，我们知道小学阶段的儿童思维的基本特点是从以具体形象性的思维为主要形式逐步过渡到以抽象逻辑思维为主要形式，记忆则从机械记忆为主逐渐向理解记忆发展，从学龄前期的无意记忆占主导地位发展到有意记忆占主导地位。

在这个阶段，教师的教学应有所侧重，如在低中段以教授语言知识为主，在中高段以提升语言技能为主，并辅以语境知识的提升，将三者有机统一起来，从而更好地促进小学生语言运用能力的提升。

3. 培养小学生的文化意识

《义务教育英语课程标准（2011 年版）》明确规定了英语课程工具性和人文性统一的特性，目的是让学生能够了解到不同国家的优秀文明成果，认识到中外文化之间的异同，让学生既不故步自封也不崇洋媚外，能够形成正确的积极健康的审美情趣和价值观，加深对于本国文化的理解和认同，拥有跨文化交流和沟通的能力，具有国际视野，坚定文化自信。

小学阶段正是学生认识世界、理解世界的阶段，也是树立正确的人生观、价值观的重要阶段。在英语教学中，课堂是发展学生文化意识的主要阵地。在英语学习课堂上注重学生文化意识的提升，让学生能够正确地理解中外文化和鉴赏优秀文化，表现出正确的跨文化态度和正确的跨文化选择。通过英语课程的学习，小学生能够开阔眼界、丰富生活经历、了解到不同文化之间的区别、形成跨文化意识、增强文化自信，从而形成良好的人生观和价值观。

（二）教学过程能激发学生英语学习的兴趣和自信

1. 激发学生英语学习的兴趣

“兴趣是学生最好的老师”。对于有着大量记忆目标的英语学习来说，只有保持长久的兴趣，才能不断在英语学习中取得成绩。因此，小学英语教师在教学过程设计中，也应时刻把激发学生兴趣作为首要目标。

2. 激发学生学习的信心

教学过程不仅是“传道、授业、解惑”的过程，而且也是师生进行情感交流、心灵碰撞的过程。德国著名教育家阿道尔夫·第斯多惠（Friedrich Adolf Wilhelm Diesterweg）认为教育的艺术不在于传授知识和本领，而在于激励、唤醒和鼓舞。所以，在教学过程中，教师必须以情入手，以情换情、以情激情，要让学生在学习中获得信心。

（三）教学过程能提高学生的学习能力

如果学生具备了较高水平的学习能力，不仅有利于减少学生学习的盲目性，提高学习效率，还有利于提高他们的学习自主性，为终身学习创造条件。在英语教学过程中渗透学习能力的培养，符合以学生为主体的教学思想的要求，也能体现以人为本的素质教育的精神。

1. 培养学生英语创新性思维能力

对学生进行创新精神的培养是英语新课程标准基本理念中的一个部分，而创新思维是创新精神中的一个重要方面。例如，有的教师在讲授 Vivid English 四年级下册第二单元 Let's go camping 时设计了本课的主要活动——让学生根据不同目的分组，以小组为单位设计野营清单，并对清单内容进行描述。在设计时，每个组员都要发挥自己的想象力，描述、讨论自己在野营中应该携带的物品，执笔的组员综合全组成员的意见完成清单设计。设计完成后，让几个组的成员就设计清单的过程进行对话展示，以检测学生本节课的学习成果。不难发现，该名教师设计的这一环节通过为学生提供自主学习和相互交流的机会以及充分表现自我的空间，鼓励学生发散思维，制作具有个性的野营物品清单，在活动中创造性地运用语言，从而对学生的创造性思维进行了有效的培养。

创造性思维是一个非常复杂的过程，人们对于它的认识与理解也非常有限，因此在小学英语教学中，创造性思维的发展始终是一个比较薄弱的环节。但即使如此，英语教师也有义务在英语教学过程中倡导创造性思维。例如，教师可以引导学生学会从实际运用外语的过程中自己总结规律，而不是一味死记硬背语言规则；在组织对话、展示、小品表演等口语活动与造句、作文等书面练习中，既注意语言结构与内容的正确性，也鼓励创造出内容清新、富有想象力的作品；在培养外语交际能力与自主学习能力时，倡导创造性地学习。

2. 培养学生自主学习英语的能力

学生的自主学习能力就是指学习者负责管理自己学习的能力。这一界定包含以下几方面。

一是明确教学目标。学生必须明确自己的学习目标。每堂课，甚至每一活动或练习开始时都应让学生了解具体的教学目标，并要求他们与教师共同努力达到此目标。

二是提高独立思考、独立发现与解决问题的能力。教师可以鼓励学生对外语语言规则的特点进行独立思考，在学习新课程的时候，要求学生在教师讲解前主动寻找新词与短语等新的语言点，并先尝试自己解决这些问题，然后教师再在此基础上教学和总结。此外，教师可以教会学生运用词典等工具书与上网等手段自己查阅资料，从中选择所需的学习材料。

三是帮助学生了解自己的学习风格。在教学过程中，教师要引导学生分析自身的学习特征，发挥优势，避免不足，循序渐进地改善自己的学习方式。在自主学习中，学生如何争取教师的指导与同学的帮助也是一个很重要的方面。

因此，教师应该启发学生，让其充分利用课堂教学的优越性，积极地从老师和其他同学处获取知识，提高自己的能力。自主学习能力包含了多个方面，这一能力的形成是一个长时间积累的过程，因此教师和学生要重视起来，充分利用教学中的每一个环节，设计出合适的教学过程。

3. 培养学生合作学习的能力

学习能力是自主学习能力的延伸，也是自主学习能力的必要条件。它有助于调动学生学习英语的主动性与积极性，使学生真正成为课堂的主人。学生通过合作设计，可以体会到小组合作学习带来的成功和快乐。小组学习不但能极大地促进学生学习英语。从心理因素来看，学生在与同伴合作学习英语时，往往也能获得轻松的学习情绪。而从社会语言学的角度看，合作学习也是学生在学校学会处理人际关系和如何与人交往的极好机会。

第二节　小学英语教学过程主要环节

一、热身

（一）热身的界定

热身是从新课教学内容出发针对学生的实际语言学习需求、心理需求等而设置的课堂准备活动环节。在此环节中，除将课堂言语话题引入新教学内容上、明确学习目标外，更强调要有激发学生兴趣让学生参与的热身活动，以丰富和细化课堂教学环节，为下一步教学做好自然的铺垫，提高课堂教学的有效性。

通常我们将新课的起始环节称为课堂导入。广义的“导入”指的是学习环节之间的过渡，传统的新课“导入”通常指的是教师在课堂开始时所说的具有引导性质的一段导语。

热身多以打招呼、问候、唱歌、游戏等形式进行，目的是吸引学生，将学生引入英语课堂或新授内容之中。

在英语教学中，教师要注重结合小学生的心理和生理特点，为他们创设生动有趣的语言环境，不断尝试运用多种教学手段，热身环节要充满童趣，能充分调动学生的学习积极性，增强其自信心，多给学生成功的体验，以促进他们内在潜能的发挥，使教与学的效果达到更高的层次。教师应根据实际教学条件，创造性地利用黑板、白板、卡片、简笔画、教学挂图、模型、实物等常规教学媒体，同时积极利用音像、网络以及计算机多媒体等现代教育资源。

（二）热身的意义

从理念上说，传统的导入是以教师为中心来进行的，而“热身”的提法更强调这是以教师为指导、以学生实际需求为中心进行的师生共同参与的学习准备活动过程，使学生在其中得到有效热身。

从操作层面上说，课堂热身需要教材编写者就新课的学习内容进行更精心的研究筛选，并由教师结合学生的实际学情来进行加工，开展丰富的课前热身活动，让每个学生都参与其中，有效得到锻炼。因此，热身理念对教学的三要素——教师、学生和教材都有重要意义。

通过热身，教师在一定的时间内可以较快地营造良好的教学氛围，有效检验学生的已有知识和预习情况，及时有针对性地调整教学重点。同时，学生在热身活动中，学习的兴趣得到激发，已学语言知识和话题／情景图式得到有效的回顾激活，并可初步接触到本课相关教学内容。

教材中热身板块的编写使得教材的传统板块设计得到了突破和优化，增强了教材的内部逻辑性，给教师的英语教学工作提供了思路和依托，提高了小学英语教材的实用价值，与实际教学更相得益彰。

二、学习新内容

学习新内容是一节课上的主要教学环节。一般通过以下5个步骤来学习新内容。

①呈现新知。教师运用各种手段向学生呈现新的语言项目，使学生感知、理解、认识新的语言项目。

②导入新课。通过设计好的活动，将学生领入新的学习内容之中。值得注意的是，“导入”是极其重要的环节，甚至是一堂课是否成功的关键。具体导入方法根据具体情况而定，要选择符合本课教学目标和内容特点的导入方式，也可以多项融合、相互穿插、综合运用。

导入类型。包括情景导入，如问题导入、故事导入、简笔画导入、图片导入、实物导入等；活动导入，如英语歌曲导入、游戏导入、竞赛导入、TPR导入等。

导入的特点。具有目标性、必要性、科学性、启发性、关联性、简洁性、趣味性、多样性、灵活性、直观性。

导入目的。引起学生注意、产生认知需求、形成学习期待、促进学生参与、激发学习兴趣。

③讲解新课。通过活动（看、听、模仿、动作、图画、投影等）及必要的少量的母语解释新内容。

④操练新知识。主要通过机械性、控制性的模仿练习，使学生对新语言达到脱口而出的程度。

⑤练习运用。侧重于完成任务、意义操练和交际性操练。

三、巩固新知识

巩固应分别对待，初级巩固应为学习新知识的附属教学环节，因此可放在前项“学习新内容”中的⑤中通过操练巩固。

第二种巩固是专门的巩固课或提高课中的主要教学环节，一般为第二课时、第三课时的看图说话，句型操练，替换、转换句式等练习。

四、复习所学内容

复习是教学中的必要环节，只有通过复习才能克服遗忘，提高知识、技能运用的复现率。对于学生来说，复习的重要性显然是超过预习的。尤其是小学英语的课程，如果没有复习就开始新知识的学习，对于学生来说可能是难上加难。作为学习中非常重要的环节之一——复习，最简单的方式就是由教师进行概括总结的讲述。通常在继续学习新知识之前，教师用10分钟的时间对上节课的主要内容、重点知识进行总结回顾，这对于40分钟的课堂时间来说是一个合适的规划。复习也因出现的先后顺序和作用不同分为以下几种。

新课同步复习，即边讲边理解复习；操练性复习，即通过操练进行巩固理解复习；小结性复习，即学完一课后的全面复习；总结性复习，指单元综合复习，或学期中、学期末的全面复习。

五、布置作业

（一）布置作业的界定

布置作业是全部教学过程中的最后一个环节，目的在于告诉学生课后复习什么，一般是对本节课教学内容的练习和知识运用，分为课堂作业和家庭作业。课堂作业多以口头练习为主，有时配以必要的书面练习。

家庭作业包括听、读、写、背和书面作业。作业量一定要控制得当，不可过多。作业的设计要注意形式新颖、吸引学生，避免机械枯燥的多次重复抄写作业。课堂作业尽量安排在课堂上完成，教师要安排好时间。

（二）作业的类型

前置预习类作业。前置预习类作业旨在调研学生的学习起点，包括学前调查问卷和预习作业。问卷调研帮助教师提前把握学生的生活背景和语言基础；预习作业则围绕单元话题，要求学生尝试写几句话，反馈其对单元话题的熟悉程度及在语言表达和写作结构方面的学情基础。以此为出发点，教师能够更好地把握课堂活动设计的层次与难易程度。

复习巩固类作业。复习巩固类作业包括听说类与读写类，形式包括抄写、听写、背诵、计算、思维导图、小练笔等，旨在引导学生巩固与运用所学语言。

拓展延伸类作业。拓展延伸类作业引导学生利用报刊、书籍、网络等途径开展调查、拓展认知。该类作业以结构化的图表引导学生汇总信息，帮助学生在进一步深化对单元主题的理解的同时，掌握自主学习的路径。旨在将课堂所学知识和方法放到新的情境中去应用、分析、评价、创造，提高学生解决问题的能力，包括课外阅读、资料收集整理与运用等。

综合实践类作业。综合实践类作业需要调动学生的跨学科学习能力与合作能力，帮助他们将所学语言进行迁移与创新。此类作业又可以分为学科内的创新实践和跨学科的综合实践。学科内的创新实践：教师要在作业设计时发掘常规作业中可实践的点，将作业转化为表现性任务；跨学科的综合实践：跨学科的实践作业是指向“五育”全面发展的，学生在这个过程中不仅是学习者，还是实践者。他们必须通过跨学科学习来更新知识，并在真实的任务情境中运用知识。

（三）布置作业的意义

1. 贯彻国家的作业管理政策

2019 年，《中国中央国务院关于深化教育教学改革全面提高义务教育质量的意见》提出要强化课堂的主阵地作用，切实提高课堂教学的质量。说明当前课堂教学还存在问题，教师需要充分把握好课堂教学。2021 年，《教育部办公厅关于加强义务教育学校作业管理的通知》《关于进一步减轻义务教育阶段学生作业负担和校外培训负担的意见》等文件相继发布，针对学生课后作业多、作业设计不规范等问题，提出要加强作业设计和管理，减轻学生的课后作业负担，提高教师自主设计作业的能力，提升作业设计质量等。

由以上文件可以看出，国家非常重视学生的作业问题，力求减轻学生的课后作业压力，提高课堂教学质量。课堂作业的设计实施，既可以减轻课后作业带来的学生身体和心理上的压力，也可以促使师生充分利用好课堂时间，提高课堂学习效率。因此，有必要重视课堂作业的设计与实施。

2. 顺应课程改革的发展趋势

2014 年，教育部提出全面深化课程改革，要推进教学实施、评价方式等方面的改革；还要统筹教师、管理人员等力量，发挥育人合力，提高学生综合运用知识解决问题的能力。

课堂作业是教学实施的一部分，英语课堂作业的设计实施也应落实课程改革发展的相关要求，发挥课堂作业的育人功能，培养学生的综合语言运用能力。因此，教师应当对课堂作业进行合理设计和实施，学校管理者要落实作业管理工作，使学生的各方面能力通过课堂作业得到提升和发展。通过课堂作业的设计实施，逐步推进课程改革向前发展。

3. 满足教师专业发展的需要

小学处于基础教育阶段，在学生的成长过程中占据着重要地位，教师在其中更是发挥着举足轻重的作用。教师的专业发展是指教师在长期的专业化教育过程中，提升教育教学的专业技能，形成专业理想、专业道德和专业能力，实现专业自主的过程。教师的作业设计属于专业发展的一部分，而如今教师专业发展的状况是大部分教师未接受过专业的作业设计培训，作业设计水平参差不齐，专业发展的需要未得到满足，理应引起充分的重视。因此，教师应当通过多种途径接受专业学习，在作业设计方面不断成长和创新，促进自身专业的发展。

第三节　小学英语教学过程的设计

一、小学英语教学过程设计要点

（一）体现生活样态的英语教学内容

师生为实现一定的教学目标而共同参与的知识、技能、情感、思维、行为、方法的总和就是教学内容。英语不仅是一门学科，更是一门语言，因此英语与现实生活的联系应该是很密切的。不管是在哪个年龄阶段，在英语教学中运用单一、枯燥的教学方式都会让学生对英语产生厌恶感，产生英语“无用论”的论断，从而使其慢慢丧失学习英语的兴趣，对于小学阶段的学生更是如此。如前所述，英语与现实生活紧密联系，因此想要更好地、更顺利地进行教学，可以在教学中增添丰富的生活资料。对于小学阶段的学生来说，生活化的英语不仅可以增强专注力、提高学习效率，而且进一步唤醒了求知的欲望、激发了探求的动力。在具体实施过程中，教师应该注意以下几点。

第一，教师需要寻找教材内容与生活的契合点，深入挖掘知识内涵，将生活元素落实到教学全过程，并通过符合小学生认知特点的方式开展教学活动。

第二，语言的学习并非空中楼阁，需要依托于具体的事物。因此，小学英语教学内容不应该仅仅依赖教师的讲授和板书，而应采用多样化的表现形式，融入真实的语境，关注学生的实际体验。

第三，拓宽教学内容的空间，营造具有生活气息的氛围。教师可以将课堂延伸到课外，将所学知识以更直观、更形象的方式呈现。例如，在教室、学校、食堂等场所张贴双语的标识，还可以让家长配合营造英语的环境，从而实现教学的一致性与连贯性。同传统的教学内容相比，体现生活样态的教学内容更符合小学生身心发展过程，也体现了教育家陶行知先生所倡导的生活教育的理念。

另外，教师将所学知识点汇成有趣的小故事，利用手势动作让学生的身体动起来，让学生在情境中获得真实的情感体验，同学生的生活相联系，从而保证了教学内容的落实。

（二）强调情境感知的英语教学方法

其实，教学方法在实际的教学过程中是多种多样的，针对不同的科目、不同的教育目的，有不同的教学方法。但是在小学阶段，构建一定的教学情境是能够吸引学生参与课堂的比较有效的教学方法。小学英语教师常用的3种情景教学方式包括实境具身、实感具身以及离线具身。

1. 实境具身

教师为了让学生感同身受、产生共情，通过情景再现或者亲临现场的方式进行教学就是实境具身。在小学英语教学中，教师可以通过两种方式在多种感官的共同作用下让学生从内心深处获得对课本知识的理解与消化，一是可以利用相应的道具、视频、音乐等，将经典场景进行重现，营造身心融合的氛围；二是可以根据教材内容，选择比较适宜的单元主题，定期开展一些访问、参观的活动，通过真实的场景开阔学生的视野。

2. 实感具身

在教学过程中，让学生通过身体与周围环境的直接接触而产生真实感受，从而促成最直观的体验就是实感具身。例如，教师在进行关于水果、蔬菜之类内容的教学时，可以用一些代表其含义的实物，如香蕉、黄瓜等，让学生进行触摸感受。

3. 离线具身

在缺乏真实情境的前提下，学生根据自身的想象以及他人语言的描绘对事物进行感知的过程就是离线具身。在小学英语教学中，教学内容不可能都可以被学生感知，如新闻、事件等都是学生无法真实感知的，教师也没有办法让学生进行感知。但是，教师可以采取一些方式，如通过生动的语言描绘吸引学生的注意力，或者通过同伴叙述的方式让学生发挥想象，表达自己的感受。这些方法都可以在一定程度上实现学生感知信息的鲜活体验与加工，从而增强学生学习的积极性和兴趣。

（三）凸显玩演视听的英语教学活动

教学活动是对教学目标、教学内容、教学策略的综合运用与呈现，是整个教学过程的关键部分。小学英语课程标准在语言技能层面增添了玩演视听的要求，包括用英语做游戏、表演故事、表演歌曲以及看懂英文动画。体验是以认识、经验为基础，是对认识、经验乃至生命的一种升华与超越。因此，小学英语教学活动设计也应该遵循这样的原则与理念，运用多样化的形式激发学生学习英语的兴趣，实现学生身心的成熟与融合。例如，在形式方面，教师可以根据小学阶段学生的特点，发掘教材内涵，开展诸如游戏、表演、唱歌、课外调查等多样的活动任务，发挥学习的具身性作用。教师在活动的设计上需要对听、说、读、写四个技能有所侧重，突出主要方面，始终坚持活动为语言学习服务的宗旨。

此外，教学媒体作为教学活动的辅助技术，在现代教学活动中逐渐成为师生认知、交流的重要工具，有利于实现教育信息的整合以及教学效率的提高。教师还可以灵活使用卡片、图片、实物、模型、视频、音频、动画、影像等资源，根据教学任务进行综合选择搭配。需要注意的是，教师所应用的教学媒体应同教学活动紧密融合，避免形式与内容的貌合神离，尽可能运用媒体的优势创造更多的语用机会。

（四）基于察身观行的英语教学评价

察身观行的教学评价符合小学英语教学的现实特点，既是对教学质量进行检测的过程，也是给予价值评判的教学视导过程。这样的教学评价遵循目标性、客观性、统一性以及指导性的原则，发挥着监控、反馈、激励和促进的作用。

教育改革中所倡导的评价要求注重学生的整体素质，关注学生的个性发展，更为强调对学习过程的评价。因此，在小学英语教学过程中，既要在教师评价的基础上扩充学生自评、学生互评、小组评价、家长评价等方式，也要提供多种多样的测验、测量、成长记录袋等工具。察身观行的英语教学评价突破了传统以成绩为本的限制，评价儿童在教学活动中的参与性、互动表现以及在课堂生活中的情感、价值观、态度、反思能力、自主发展能力、知识表达与应用能力的发展变化。在具体实施过程中，教师应该做到以下几点。

首先，在评价语言方面，英语教师应及时对学生的回答进行反馈，维护学生的自尊心，防止学生产生被忽略的消极情绪。另外，教师还要注意评价过程中的身体语言，适宜的距离、鼓励的目光、亲切的微笑、灵活的手势等都可以对学生的学习起到积极的引导和促进作用。

其次，在评价的标准方面，教师不能仅仅注重题目上的对错，而要关注动态的学习表现，将学生个体前后的发展变化作为评价的依据。

最后，在评价的内容和时间方面，教师不应过分纠结于某个细节，而要从整体出发，关注学生综合语言能力的情况。

此外，英语教师还应该意识到，评价具有连续性和渐进性的特点，贯穿于整个教学过程的始终，一个单元或学期的结束并不意味着终结，只能作为阶段性评价成果展现。例如，在教学过程中，有些老师没有一直站在讲台上，而是选择在学生中间走动，这样的做法拉近了与学生之间的距离，教师一边讲课一边引导学生回答问题，没有指定某位学生回答，而是根据身边学生的表现随机选择。即使学生回答状况不甚理想，教师也给予了积极的鼓励与引导。

二、小学英语教学过程设计分析

在小学英语教学设计中，教学过程设计是教学设计的主体部分，它把设计的重点放在英语教学流程的制订上，主要解决的是教学活动的过程如何展开的问题。要想弄清何为教学过程设计，应该分为两个部分阐述：第一，小学英语教学过程设计是怎样的，包括哪几个部分？第二，如何设计小学英语教学过程，包括哪些步骤？因此，我们应该从小学英语教学过程设计模式分析入手，从而推论如何设计教学过程，实际上就是从教学过程“是什么”得出“怎么样”来设计教学过程。并分别从理论层面和实践层面对教学过程设计问题进行探究。

（一）小学英语教学设计的基本模式

从教学过程设计模式的理论基础和实施上说，教学过程思想主要表现为以下两大类。

1.以教为中心的教学设计模式

以教为中心的教学设计模式是为了完成教学任务，确保课堂教学的顺利进行，教师要以教学内容、教学条件、学生的知识储备等为依据，而设计出整个课堂教学的各个环节的过程。以教为中心的教学模式能够尽可能地保证教师教授的内容能直接高效地传授给学生，同时教学环节主要以教师所预设的顺序展开。但是，以教为中心的教学设计模式在制订教学过程时主要的依据是教，而不是学，在主要的教学过程中，当教与学的双方在教学过程中出现冲突时，则主要是依据教师的教进行教学。以教为中心的教学设计模式可根据其理论基础的不同，分为基于行为主义学习理论（ID1）和基于认知主义学习理论（ID2）的教学设计模式。

“肯普模式”是行为主义学习理论的代表模式，后来又经过多次修改才逐步完善。

该模式的特点：在教学过程设计中应强调四个基本要素，需着重解决三个主要问题，要适当安排十个教学环节。

四个基本要素：教学目标、学习者特征、教学资源和教学评价。该模式认为任何教学过程设计都离不开这四个基本要素，由它们构成整个教学设计模式的总体框架。

三个主要问题：第一，学生必须学习到什么（确定教学目标）；第二，为达到预期的目标应如何进行教学（根据教学目标的分析确定教学内容和教学资源，根据学习者特征分析确定教学起点，并在此基础上确定教学策略、教学方法）；第三，检查和评定预期的教学效果（进行教学评价）。

十个教学环节：确定学习需要和学习目的，为此应先了解教学条件（包括优先条件与限制条件）；选择课题与任务；分析学习者特征；分析学科内容；阐明教学目标；实施教学活动；利用教学资源；提供辅助性服务；进行教学评价；预测学生的准备情况。

为了反映各环节之间的相互联系、相互交叉，该模式没有采用直线和箭头这种线性方式来连接各个教学环节，而是采用环形方式来表示。把确定学习需要和学习目的置于中心位置，说明这是整个教学设计的出发点和归宿，各环节均应围绕它来进行设计；各环节之间未用有向弧线连接，表示教学设计是很灵活的过程，可以根据实际情况和教师自己的教学风格从任一环节开始，并可按照任意的顺序进行；“形成性评价”“总结性评价”和“修改”在环形圈内标出，这是为了表明评价与修改应该贯穿在整个教学过程的始终。

“史密斯－雷根模型”是认知主义学习理论的代表模式。该模型是在早期教学系统设计中有相当影响的“迪克－柯瑞模型”的基础上，吸取了教育心理学家罗伯特·加涅（Robert Mills Gagn é）在“学习者特征分析”环节中注意对学习者内部心理过程进行认知分析的优点，并进一步考虑认知学习理论对教学内容组织的重要影响而发展起来的。下面介绍“史密斯－雷根模型”的主要特点。

首先，“史密斯－雷根模型”把教学设计模式划分为三个阶段：分析、策略和评价。在第一阶段，分析学习环境、学习者、学习任务，制订初步的设计栏目；第二阶段，确定组织策略、传递策略，设计出教学过程；第三阶段，进行形成性评价，对设想的教学过程予以修正。

其次，“史密斯－雷根模型”的主要特点是明确指出应设计三类教学策略。一是教学组织策略：有关教学内容应按何种方式组织、次序应如何排列以及具体教学活动应如何安排（如何做出教学处方）的策略；二是教学内容传递策略：为实现教学内容由教师向学生的有效传递，应仔细考虑教学媒体的选用和教学的交互方式。传递策略就是有关教学媒体的选择、使用以及学生如何分组（个别化、双人组、小组或是班级授课等不同交互方式）的策略；三是教学资源管理策略：在以上两种策略已经确定的前提下，如何对教学资源进行计划与分配的策略。

以“史密斯－雷根模型”为代表的第二代（ID2）教学设计与第一代（ID1）相比已有很大改进，其中最突出的是：明确指出应进行三类教学策略设计，并把重点放在教学组织策略上，而教学内容的组织和有关策略的制订必须充分考虑学生原有的认知结构。

2. 以学为中心的教学设计模式

以学为中心的教学过程模式，强调的是将学生的学习作为出发点，以学生已经拥有的知识储备和学习风格等为基础，对从感知到学习、学习到实践、实践到评价的学习过程进行设计，教师以学生的学作为基础，对教学流程进行规划，并组织教学活动。以学为中心的教学设计模式中，在教与学之间出现矛盾的时候，教师要根据学生的需求，对教学过程进行调整，确保教学活动向着学生学习的方向进行。以学为中心的教学过程设计，将学习过程与教学过程相结合，能够确保教学过程与学生的学习特征相一致，进而推动教学。

20 世纪 90 年代以后，随着多媒体和网络技术的日益普及（特别是基于网络教育的普及），以学为主的教学设计才逐渐发展起来。建构主义的学习理论和教学理论是其理论基础，所以以学为主的教学设计又可称作建构主义的教学设计。面向以学为主的教学设计一般包含以下步骤。

第一，教学目标分析。通过教学目标分析以确定当前所学知识的主题，也就是意义建构的对象，通常情况下是与基本概念、基本原理、基本方法或基本过程有关的知识内容。

第二，设置与当前学习主题相关的、尽可能真实的情境。

第三，信息资源的设计与提供。确定学习主题所需信息资源的种类和每种资源在学习中的作用。教师应提供必要的信息资源，或是当学生在获取和利用有关信息资源的过程中遇到困难时给予帮助。

第四，自主学习策略的设计。自主学习策略的设计是整个以学为主的教学设计的核心内容，是实现学习者主动建构知识意义的关键环节。

第五，协作学习环境设计。设计协作学习环境的目的是在个人自主学习、自主建构意义的基础上，通过小组或班级讨论、协商，进一步完善和深化对当前学习主题的意义建构。

第六，学习效果评价。相当于以教为主的教学设计的“形成性评价”，它包括小组对个人的评价和学习者的自我评价。

第七，强化练习设计。根据小组评价和自我评价的结果，设计出具有针对性的学习材料和强化练习，以纠正原来的错误理解或片面认识，最终实现符合要求的意义建构。

以学为主的教学设计强调在学习过程中要发挥学生的主动性、积极性，要充分体现学生的主体地位。整个教学设计围绕“自主学习策略”和“学习环境”两个方面进行。但是，需要注意这种教学设计在强调学生自主学习的同时，往往忽视了教师主导作用的发挥，忽视师生之间的情感交流和情感因素在学习过程中的重要作用；由于忽视了教师的主导作用，学生在自主学习过程中，很容易偏离教学目标的要求，这是其不足之处。

（二）教学过程设计的基本要素

纵观各种教学过程设计模式，它们都包含几个基本的构成要素。

学习者：学习者是教学设计的服务对象。合理地分析学习者已有的学习水平、学习风格以及年龄特点等，是教学设计的前提和基础。

教学目标：教学目标是教学设计的出发点和落脚点，需要培养学习者哪些知识技能，必须清楚明白地表述出来。

教学策略：教学策略是为实现某种教学目标而制定的、付诸教学过程实施的整体方案。它需要教师对教学方法、课堂组织形式以及教学媒体的使用进行总体考虑，进而设计出较为合适的教学过程。

教学评价：教学评价包括诊断性评价、形成性评价、总结性评价三种，它们是检测教学目标是否达成的工具，并为教学设计的完善提供反馈。

（三）小学英语教学过程设计的一般步骤

根据小学英语教学的特点，结合教学设计的一般流程，小学英语教学设计的一般步骤应有三个主要环节：教学设计的准备环节（教学背景分析、教学内容分析、学习者分析）、教学设计的操作环节（明确教学目标、分析教学任务、确定教学策略、选择教学方法、设计教学媒体等）、教学设计的评价和修改环节（形成性评价、总结性评价、反馈修改）。

1. 教学准备环节

（1）教学背景分析

了解教材、学生甚至是教师自身的实际状况是小学英语教学设计背景分析的主要内容。

首先，要知道学生对英语的掌握程度，对将要学习的新知识有没有做好准备，这样才能更好地决定教学的出发点。

其次，要分析教学内容，分析所学内容所需要的软硬件条件，如学生的学习特点、班级的整体氛围、教学过程中会用到的设备等方面。

（2）教学内容分析

教师教学内容的确定主要是按照课标的基本要求，参照教材来选取。值得注意的是，这些内容并不是固定不变的，教师要注意在实际的课堂教学中根据教学内容适当地补充和生成。

（3）学习者分析

学习者分析主要是分析学生对于英语掌握的程度是怎样的，他们原有的知识技能、学习状态等。

2. 教学操作环节

通过前期的教学准备环节，教学的背景已经基本清楚了，接下来的问题就是在此基础上通过明确教学目标、确定教学策略、选择教学方法等，从而确定最终的教学方案。

3. 评价修改环节

在一个教学设计方案完成之后，就进入了对它的评价和修改阶段。其任务就是通过教学设计实施的效果及反馈，对教学成果进行评价，如发现不满意的地方，则进行必要的修改和完善，这样循环往复，最终达到让教学设计方案更加科学、更加完美的效果。

第八章　小学英语教学活动设计

小学英语教学活动的设计就是小学英语教师根据正确的教学思想和英语教育原理，按照一定的教学目标和要求，针对具体的教学对象和教材，对英语教学的整个程序、具体环节及有关层面所做出的预期的行之有效的设计和策划。在进行小学英语课堂活动的设计时，教师根据教学内容设计语言交际场合及情景，设计课堂活动，组织并引导学生参加语言交际，让学生在活动中学会运用课堂上所教的语言，并会用英语进行交际。本章分为小学英语教学活动的特征、小学英语教学活动的设计两个部分。

第一节　小学英语教学活动的特征

一、项目设置的形式多元性

形式多元是小学英语教学活动项目设置的主要体现。通过英语语言的学习，小学生可以达成口语交际的目的，这是小学英语教学最基本的任务。

英语教学活动的课程为体现语言功能设置的项目包括社会交往、情感态度、时空关系、计量比较等形式各异的类别，基本涵盖了小学英语生活运用的各个方面。

语法功能的项目设置包含 800 个左右的基础单词、6 种时态语态以及基本的常用句型，同样涵盖了小学英语口语表达的基础知识。这些都为小学生初步接触英语、培养良好的语言运用能力奠定了良好的基础。

学生在形式多元的项目设置中熟识西方国家的风土人情，了解中西方的文化差异，逐渐形成更为广阔深入的情感态度价值观。小学是英语学习的特殊阶段，英语的语言环境与母语完全不同，如果学生在入门时就对其产生惧怕心理，将不利于今后的长远发展。因此，此阶段的英语项目设置偏向于听、说、玩、演等实际的操作与应用，重视身体在学习认知过程中发挥的重要作用。

二、呈现方式的形象直观性

形象直观是小学英语教学活动呈现方式的主要特点。小学英语教学具备特殊阶段和语言文化的双重属性，因此需要更具形象直观的特点。教师根据不同的话题使用不同的图片、视频、教具，创设体验的环境，训练学生的听、说、读、写技能，让学生在模仿、表演、歌谣、游戏中巩固所学知识，力求使课堂焕发生机与活力。在平时的教学过程中，英语与其他学科相比，课堂气氛更为活泼生动，师生互动交流的形式也更为多样。教材中每个单元都分为几个部分，虽然难度上呈阶梯状，但每个部分都避免了大篇幅的段落讲解，以不同场景下人物对话的方式将语言点进行融合呈现，将难度平稳推进。

三、教学途径的从做中学性

从做中学是小学英语教学途径的主要体现，而任务型教学法又是最主要的表现方式。任务型教学法以明确的任务组织教学，学生在教师的指导下，通过参与、体验、互动、合作、交流等方式，充分利用现有的资源，在实践中完成感知应用语言的目的，是一种从做中学的有效英语教学方式。同显性知识的获得不同，小学阶段英语语言的内隐认知只有在身体的互动、表达、动作中才能更好地转化。因此，小学英语教学深入贯彻课标中“能用英语做事”的理念，要求教师摒弃传统单纯枯燥的知识讲授的方式，采用任务型的教学途径，设计出符合教材以及学生身心发展规律的具体可操作的任务，创设形式各异的语言活动，助力学生灵活掌握语言。这种被广大教师、学者所倡导的教学途径反映了小学英语教学活动的真实性、功能性、连贯性、实用性以及趣味性的特点，体现了“以学生为主体、以任务为中心、以活动为方式”的思想，有助于生生之间、师生之间、学生与教材之间多边互动的形成。

第二节　小学英语教学活动的设计

一、小学英语教学活动的设计原则

教学活动设计需要教师根据教学对象的特点、知识结构层面、学习动机及兴趣，设计出目标明确、内容全面、时间合理、富有节奏且形式多样的教学活动。在小学英语教学中，不同的课型有不同的重难点。课程课型都依赖教师根据学生所处的不同教学环境进行设计。无论哪一种课型的教学活动设计都应当遵守一些基本的设计原则，以保证教学活动设计的有效实施。英语课堂活动应当贯穿于英语听、说、读、写各个环节，并且能让学生在活动中不断反复有效地训练，从而扎实快速地掌握所学的知识。教师在设计课堂教学活动时，应充分考虑学生的实际情况，学生才是课堂活动的实施者，教师活动的意图、活动的指令、活动的要求，都应符合学生的认知，都能被学生理解且接受，这样的课堂活动才能吸引学生，才能保障课堂的顺利进行，以达到学习目标。小学英语教学活动的设计应遵循以下几点原则。

（一）真实合理的目的性原则

教学活动应当正确把握教学的真实目的。英语教学的最终目标不是培养语法能力，而是语用能力，要求学生最终能将学到的知识运用到真实的交际中去，这就要求教师的教学活动设计必须有目的。目的性需要教师对他们的教学活动以及教学成果的预期有清晰的思路和想法。一节课也许有几个教学目标，这些目标不是教师要在整个课堂中做到什么，而是要求学生在课程结束后能收获什么。教师在大脑里有个清晰的教学思路，是实现教学目标的保证。基于目标进行教学活动设计，进行有目的性的教学，让学生清楚地知道本节课自己应当掌握哪些内容，或者说哪些没有达到，便于学生课后巩固。基于这些目标的活动设计，教学过程更清晰，操作更简单合理，保证了教学的有效进行。

（二）科学可行的层次性原则

教学活动的设计应当遵循难易得当、有梯度、易于被不同学习能力的学生接受的原则。英语作为一种语言，学习英语应当是由简到难的过程。因此教学活动设计时也应该遵循层次性原则。简单的语言课文设计相对简单的活动，而复杂有难度的课文应当设计较为复杂的活动。且在同一节课时，教学活动的设计也要考虑学生学习能力的差异，设计的活动应能吸引绝大部分的同学，对于能力强的学生还要设计一些拔高性的活动。

（三）具身认知的情境性原则

人的身体、认知与环境共同构成了一个紧密结合的循环系统，身体的感知觉、运动机能以及所处的环境都是学习过程中重要的组成部分。身体的各项器官并不是简单的排列组合，而是有意义的统一体，在维系生命的基础上，通过各种各样的方式方法给予人们认识世界的机会。小学英语教学基于其自身的特殊性，更为关注学生的真实感受与体验，并强调通过一系列身心融合的活动促进深层次认知思维的发展。教师不仅可以以桌椅排列、校舍建筑、环境装置、教学设施等物理情景为基础，还可以构建学习气氛、班级文化、人际关系等课程文化，让学生在一系列的体验活动中加深对知识的理解。

小学生在教师创设的情境中进行合作、探究等一系列活动，并在情感、知识与实践中进一步深化所学知识。需要注意的是，一些非智力因素，如情感、态度、意志、三观等都需要在漫长的学习过程中加以塑造，而这些内隐品格的塑造是传统教学中的学习无法替代的，需要通过探究性学习、小组合作、表演模仿等外在行为进行锻炼。在这样身心融合的教学环境中，教师和学生成为课堂这个流动的生态场所中跳动的元素，共同体验知识的生成与生命的意义。

（四）灵活多变的多样性原则

多样性原则要求教师的教学活动设计根据不同的活动类型以及课堂上可能存在的问题，为学生提供广泛的选择或者材料以确保学习生动形象，有趣且不枯燥。而多样性也要求教师灵活设计教学过程，以应对一些额外的、原本没有预设的英语教学中的问题。教师应该有能力去解决课堂中出现的意外而不是严格刻板地照搬课前的活动设计。

（五）学生为主体与教师为主导的原则

在小学英语教学活动设计中，教师应当尊重每个学生的差异，以生为本，将学生看成课堂的主体，主动地了解学生的心理、生理发展阶段，关注学生的差异与发展。随着学生不断地成长，以学生为主体也表现出不同的形态。即便是同龄的学生，也因个体的差异存在很大的不同，同龄学生的差异要求教师根据学生的个体情况开展教学活动，而学生的年龄差异也要求教师根据不同年级设计不同的教学活动，教师应该充分考虑到如何让学生全面、深入地参与课堂教学活动中，以达到课堂的高效率。作为教师要时刻铭记自己在课堂教学中的作用，即教学活动的设计者、组织者、指导者。教师的教学活动设计应有趣又有针对性，教师要把课堂交给学生，尽量用精练的语言去启发学生、激励学生，又能调控整个课堂，给学生及时正确的引导。

二、小学英语教学活动的设计要求

为了保证小学英语教学活动的设计有效实施，英语课程标准还对小学英语教学活动本身提出了要求，主要包括以下几个方面。

第一，英语教学活动设计需要具备活动目的、活动意义和活动流程，为小学生提供展示学习成果的机会，让小学生能够在自身和团体合作活动中发展英语语言和思维能力。

第二，英语教学活动的内容和形式要贴近小学生的生活实际，符合小学生的认知发展水平和生活经验，活动内容要尽可能接近生活中的实际情况，让小学生更容易理解和掌握英语语言的真实意义和用法，英语教学活动形式需要更加多样化，创造性地使用教学资源。

第三，英语教学活动应该包括学习英语语言知识和发展语言技能的过程，小学生需要在教学活动中通过接触、理解、操练、运用等环节，逐步实现英语语言知识的内化。另外，英语教学活动需要让小学生用英语语言来获取、处理和传递知识，表达简单的个人观点和感受，在此基础上提升实际英语语言运用的能力。

第四，英语教学活动应该有利于英语学科和其他学科的相互渗透和联系，以促进小学生的认知能力、思维能力、审美情趣、想象力和创造力等素质的综合发展。

第五，在英语教学活动实施过程中，教师需要创造性地利用现代教育技术来丰富教学活动内容和形式，拓展小学生学习的渠道和空间，为学习者提供观察、模仿、尝试、体验真实语言的情境，使小学生的英语学习更好地体现真实性和交际性。

三、小学英语教学活动的设计环节

现阶段的课堂教学活动分为教师活动和学生活动，教师活动包括讲解、提问、教具演示、板书等；学生活动主要有学生读书、回答问题（时间可灵活）、讨论、练习、表演、实验等。教师在英语教学活动设计时，要有计划地设计时间。要设计出行之有效的课堂活动，应明确课堂教学活动的设计环节，结合各个环节的特点和要求进行教学活动的设计。

课堂教学活动不是一个单独的环节，也不是一个固有的步骤，它应当贯穿课堂始终，是学习语言新知的整个过程，体现在教学设计的每个环节。因此我们要明确教学设计的内容。小学英语教学活动设计主要有以下环节。

①分析学情与教材，明确教学内容。即教材的版本、学科（小学英语）、年级（三—六年级）、单元、课时及课题等。教师进行课堂教学设计的首要条件是要熟悉教材，清楚英语教学的课时，大体规划英语课堂教学活动。教材与学情分析是教师整体把握教材、掌握学情的关键一环，也是提高单元教学整体性的必要保障。学生是课堂活动的主体，教师只有通过全面整体的分析教材内容的关联性，才能依据学生的生活实际，创设符合学生认知特点的问题情境。总的来说，教材分析是以单元为基本单位展开的，教师要善于发现并掌握单元主题、知识内容之间的逻辑关联。学情分析是整体了解各阶段小学生的英语学习态度、能力、认知风格、知识经验背景的过程，教师要全面考虑学习者的情况。在问题情境式的小学英语单元教学设计中，教师要着重考量学生的生活经验背景与问题解决能力，为进一步选择与创设单元问题情境做铺垫。

②制定合理的教学目标。教学目标包含了教与学的目标，是通过教师的教和学生的学达到的一种目标，它是教学设计中的重要环节。在进行教学设计时，一般依据小学英语课程标准，从知识与能力、过程与方法、情感态度与价值观三个维度去进行教学目标的设计。明确单元教学目标是教学设计的关键任务，教师要以单元目标为引领，统筹整个单元的教学。学生与“问题情境”之间维系着一种积极的情感纽带，问题情境式单元教学目标指向学生学习兴趣的唤起与学习动机

的提高。一个好的单元教学目标的设计不仅要基于对教材的深耕与挖掘，还要求教师准确地分析与把握学情。教师在明确问题情境、整体分析教材与学情的基础上，确立指向解决真实问题的单元教学目标，以单元目标统筹课时目标与教学活动，提高学生语言学习的真实性。通过这样一种真实、复杂的学习，学生能够灵活地利用知识去解决真实生活中的问题，并学会迁移运用，从而激活知识的生活价值，发展高阶思维能力。

③明确教学的重点难点。这是教学设计中比较重要的一个环节，教师根据教材及学情分析，提前预设课堂教学的重难点。

④教学准备。与本节课相关的卡片、多媒体资料、音频等。

⑤教学时间。根据教学内容提前预设时间。

⑥教学过程。作为教学设计的核心，教学过程基本上分为五个部分，而课堂教学活动主要贯穿于这五个环节，教师在设计时应当从这五个环节考虑。

第一，导入（包括创设情境导入、复习回顾导入等）。导入时间较短，一般为3分钟左右，通常会设置相应的教学活动进行知识点的导入。英语教学活动中，教师可以利用多种方式来引起学习者注意。教师可以充分发挥技术的优势，更真实、有效地创设英语教学活动情境，再结合教师自己的眼神、口型、手势等，丰富教学情境，将学习者引入教学情境中去；也可以利用英语歌谣来创设有声语言环境，让学习者投入英语学习中去；此外，利用灵活多变的小游戏也是激发小学生兴趣、寓教于乐的有效手段，如使用单词接龙等词汇游戏让学习者在游戏中开始英语语言的操练，进入新知识的学习中。

第二，呈现新知。这是课堂教学的主干部分，也是一节课的核心，新知识的呈现过程中通常根据不同课型设置不同的课堂活动，让学生学习新知。呈现新知是教师利用教材、技术等方式将教学内容呈现给学习者，让学习者获取知识的过程。对于小学英语教学来说，新知呈现有以下几种方式：一是直观呈现，针对小学生具有直观性、形象性的思维特点，教师可以采用实物直接展示或者利用技术呈现多维效果，将学习者带入生动有趣的知识情境中；二是对比呈现，无论是意义相近还是语音相近的词，教师都可以利用技术将其进行对比，让学习者在对比中对英语读音的把握更加准确、词汇含义的理解更加清晰；体态语对小学生的作用至关重要，教师在课堂教学中利用动作来表现相关词汇和情境，让学习者对本节课的重点内容记忆深刻，提高学习效果。

第三，巩固练习。对所学的新知识进行巩固训练，这个环节的活动设计一般要求既能巩固新知，又具有一定的趣味性让学生愿意参与其中。

第四，扩展提升。由课内迁移到课外，拓宽学生的知识视野，发展学生的情感态度等方面的人文素质。提供指导是指教师需要根据自身经验以及实际教学需求来决定将技术应用到教学过程中的具体形式，同时也要对学习者进行教学以及技术使用上的指导。在进行教学指导时，教师需要根据学习者的薄弱点来进行个性化指导，为学习者指明思考的方向，并将其维系在这一知识内容中，提高学习者的学习效率。教师为学习者提供学习指导一般有两种方式，一是结合技术所呈现的知识内容直接讲授，二是利用间接提示来启发学习者思考，这种发现式的学习结果会让学习者的记忆更加深刻。

第五，课堂小结。这是对一节课所学知识的系统归纳和总结。这一部分需要教师归纳性地总结和点拨。

⑦板书设计。力求做到紧扣核心知识点，精练简洁，突出重点。

⑧作业布置。包括读、写、听、调查、实践等。

⑨课后反思。教学反思是教学设计的延伸，也是教学设计的必要环节。教学反思是对课堂教学中存在的问题进行思考和总结，能有效地改进课堂教学中的不足，提高教师的课堂教学能力。

英语教学活动不是一个环节，它贯穿英语课堂教学始终，是学习语言新知的整个过程，英语教学活动主要体现在教学过程这一部分。因此我们要根据教学设计的基本环节，从导入、新知呈现、巩固练习、扩展提升、课堂小结这几个层面认真准备，仔细设计。

四、小学英语教学活动的设计策略

（一）更新英语教学活动理念

我们通常所理解的生态是指生物学中有机体与周围环境相互转化、相互作用、相互联结的多层次循环体系。教育生态同自然生态一样，在多种复杂因素的共同作用下不断更新与完善。课堂教学实际上就是一个微观教育生态系统，主体、环境、技术、心理、情感等因素环环相扣，只有共同保持相对的平衡，才能促进有效学习的发生。教育生态观在小学英语教学活动中的渗透，深刻反映了身体—环境—认知相互耦合的观点，其内在育才功能与外在社会功能的一致性要求教师更新英语教学理念，发挥各个因子的协同作用。

首先，树立整体教学理念，把握英语教学活动的内在价值。许多英语教师认为，英语无非是一座交际的桥梁，学生通过英语的中介作用实现对话的交流与技能的提升。有些教师甚至认为小学阶段的英语不需要承担过多的任务，粗略地将其等同于游戏与玩耍。实际上，这种认知过于片面，他们只看到了英语的工具属性而忽略了社会属性。英语作为国民教育体系中的关键部分，不仅关注听、说、读、写能力的训练，还包含思维、情感、文化、态度的培育。小学英语教师是学生学习的开拓者与引路人，需要在准确理解核心理念的基础上，将各种有价值的因素广泛渗透在日常的教学活动中。

其次，注重教育节律的作用，坚持以学生为中心的教学理念。教育节律是在符合学生正常发展规律的前提下，按照教育本身的正常运转机制安排教学活动，它在一定程度上凸显了学生生理、心理的阶段特征。因此，英语教师应该合理地安排内容、时间、任务，营造开放宽松的教学氛围，采用多样化、与生活紧密联系的教学方式，在学生已有经验的基础上促成知识的迁移与内化。

（二）坚持以学生为主体

英语教学的重点应当是学生。只有发挥学生的主动性、积极性，学生才能把知识内化，把教师传授的内容变成自己的。因此课堂活动面向的主体对象应该是学生，课堂活动的真正实施者也应是学生。作为主要设计者，教师应当充分考虑学情，面向学生，设计出真正受学生欢迎的英语教学活动。英语教学活动应与学生的生活实践紧密结合，组织学生开展探索性、研究性的学习活动。学生是课堂的主人，是学习的主人。教师的作用在于成为学生学习英语的组织者、引导者和合作者。在设计课堂活动和实施过程中，应当参考学生的意见，扩宽思维，打破传统的教育观。

（三）创设良好的教学活动环境

体验情境不仅包含物理层面，还包含一定的文化历史层面，在实际课堂教学过程中，二者相辅相成、缺一不可。教师运用现代化教育设备将既定的知识融入与学生生活相联系的情境中，调动学生多种身体感官，营造轻松活泼的课堂氛围，增强师生之间、身体与环境之间的互动交流，从而提高学生对英语的学习兴趣以及实际应用能力。实际的英语教学过程中，在情景体验中学生对教师的回应更为热情，其学习效果要明显好于通篇讲授下学生的学习效果。

在小学阶段，英语听、说、读、写四个要求中听、说为先，而听、说能力绝非可以在题海战术中提升，学生需要自主参与具有情景性、体验性的学习活动，于潜移默化中得到锻炼。英语单词、句型、篇章的学习是一个循序渐进的过程，学生应该拥有一个自由的身体状态。英语教师在课堂上应采用多种形态的空间布局，形成一种更为生态、平等的交流模式，以促进情境性、体验性教学活动的深入。除了对座位布局进行改良，教师还需要建立和谐的班级气氛与深厚的班级文化，扩展情境体验的维度，全方位唤醒学生的学习热情。另外，如果有条件，除了常用的多媒体、音频、视频、实物等用具，教师还可以带领学生实际参观，寓教于乐，这样的学习方式直观生动又富有魅力，可以丰富学生的情感与认知。

（四）提高教师学科专业素养

英语教材不断更新升级，与之配套的英语教学活动也在不断更新。即便是经验充足的教师，面对最新版本的教材时可能也会束手无策。教材的编制考虑到各个阶段的学生年龄特点和认知规律，有针对性地提出教学目标、安排教学内容、设计教学活动、选用教学方法。小学英语教材考虑了学校及个人差异，在教学内容上有一定的差异。研究教材也需要教师掌握一定的方法和技能，才能熟练地利用教材去设计活动。这就要求英语教师不断学习专业知识，提高专业素养。而学校和地方政府也应当适当组织集中培训，为教师继续学习提供平台。只有教师提高了教学能力和教学水平，才能应对学生的各种情况，从而保证课堂活动的有效进行，才能及时正确地引导学生学习。

学校建立的培训制度则是搭建体验平台、构筑教师共同体最有力的保障，在一定程度上体现了对教师的生命关怀，可以有效消除教学过程中消极因素带来的不利影响。首先，学校需要开展多样化的体验活动，促进教师积极参与。学校可以组织教职工运动会，在一些特殊的季节组织爬山、踏青，开展一些教职工竞赛等活动。如果有条件，学校还可以增设一些关于音乐、美术的赏析与参观活动，从而丰富教师的表达与体验。另外，学校还可以要求教师记录下自己的所感所想，通过教育叙事的方式让教师进行深层次的反思，从而完成情感体验由外向内的转化。其次，学校需要有效组织培训内容，重视教师的身体感受。如果教师在课堂上一味灌输，那么这种信息过载将会使学生失去学习的乐趣。如果学习给予教师的任务过多，将会使教师心理压力增大，进而产生不良情绪体验。因此，学校在组织教师培训时，应该将培训内容和任务控制在一个合理的区间，充分考虑教师的特点与接受能力，以免引起教师身体的疲惫与心理的负担。最后，学校需要设置人性化的管理模式，关注教师的内心诉求。学校不应将僵硬的制度条目生搬硬套于教师的培养体系中，而应该通过交流、对话的形式设置凸显生命活力的制度。学校需要营造一种家庭式的氛围，鼓励教师走出固定的圈子，为教师提供更多参与教育实际情境的机会，使教师产生心理上的认同感与归属感。

搭建体验活动平台，构建英语学科的教师共同体。学校要想使教研活动真正发挥作用，就要从内部着手，促进教师自身的理解与认同。教师正确运用教学活动理论指导英语教学活动的前提是自己清楚、亲身感受过它的益处。学校应组织搭建体验活动平台，如示范课的展示、教育辅助设备的操作、具身教室的参观等，使教师获得真实的体验，获得思想上的认可。另外，教师团体还可以组建小学英语学科教师共同体，根据教学问题拟定一个专题，就这个问题查阅资料、畅所欲言、共同提高。无论是物质方面即教学设施、资源，还是精神方面即教师的知情意行、教学方法手段等，都可以在教师共同体中得到最大范围的共享与评价。教师共同体的有效运行能够促进教师的专业发展，提高教育教学质量，实现教学相长，并推动学校的改进和变革。可以说，教师共同体更为关注学生的成长需求，旨在通过教师自身的努力和钻研，为学生提供一个优化的学习平台。教师这种相互协作的精神会创造和谐的文化氛围，进而推进小学英语教学活动的顺利实施。

第九章　小学英语教学评价探讨

小学英语教学中要促进教学评价方式的多样化，建立有助于小学生自主学习能力发展的评价体系，丰富英语教学评价内容，提高评价质量，促进小学生的发展。要确保小学英语教学评价能对教师的教及学生的学产生其应有的作用，评价者必须采用一些有效的方法和策略，遵循小学英语教学评价的科学性、合理性、系统性等原则，丰富教学评价内容，优化教学评价方式，激发小学生对英语学习的兴趣，提升小学英语教学评价的有效性，提高小学英语教学的质量。本章分为英语教学评价的基本内涵、小学英语教学评价的方法、小学英语教学评价的策略三个部分。

第一节　英语教学评价的基本内涵

一、英语教学评价的相关基本概念

（一）评价与教学评价

评价是对一件事或者人物进行判断、分析后得出的结论，在本质上是一种通过协商而形成的心理建构，因此评价应该坚持价值多元性的信念。

教学评价是依据一定标准，通过系统的收集有关教育信息，对教学活动和结果做出价值判断的过程。教学评价作为一种价值判断，是对教学工作质量做出的测量、分析和评定，包括对学生学业成绩的评价和对教师教学质量的评价。教学是一个复杂而又庞大的系统，当把教学评价作为一个整体的教学活动时，它包括教学过程各个方面的内容，如教学环境、教学方法、学生心理、学生学业成绩及作业评价等。而从空间上看，教学评价主要包括课前、课中和课后的评价，其中课后评价主要是以作业评价和学生考试成绩为主。

（二）课堂教学评价

课堂教学评价是以现代教育教学理念、现代课堂教学观为依据，运用可操作的科学手段，评价主体按照一定的价值标准，对课堂教学的各个要素及其发展变化进行价值判断的过程。课堂教学评价的本质是评价人员基于被评价的教与学的全面信息，依据一定评价标准对课堂教学的育人效果做出全面且准确的判断。课堂教学评价是一种以育人目标为导向的价值判断活动，它以课堂教学为载体，以课堂教学实施过程中师生的交往活动为对象，包括教与学的行为过程和行为结果。

课堂教学评价是评价主体在教学过程中，为促进学生的学习和改善教师的教学，对学生的学习过程做出的评价。课堂教学评价是教师用来了解学生学习效果的方法。一方面，教师对学生的学习内容和方式了解得越多，越容易组织教学活动；另一方面，课堂教学评价是简单的、不分等级的匿名教学活动，能为学生和教师提供有关教学的反馈意见。课堂教学评价是评价主体通过教学活动客观地知晓学生的变化，最大限度地了解教学效果；是收集、综合以及分析信息的过程，在这个过程中，教师收集学生的日常学习情况，了解每个学生的特征和需求，调整教学，提高课堂效率。

（三）多元化教学评价

随着多元智能理论的发展，多元化评价开始被教师所接纳和使用。多元化评价是指综合运用多种评价方法，即评价方式的多元化，也就是指学生自评和生生互评相结合的评价方式、定性评价与定量评价相结合的评价方式等。多元化评价是以创新为基础的教育评价，促进师生创新素质的发展，使教师和学生的潜力得到挖掘和开发，激励教师与学生超越自我，将目标、标准、方式多元化作为教育评价的标志。多元化评价的原则是评价主体多元化、评价方式多元化以及评价内容多元化。

1. 评价主体多元化

评价主体多元化表现在除了授课教师外，学生也可以参与学习活动的评价。这不单是保障学生在学习中的主体地位，而且有益于评价主体之间的交流与合作，促进学生发展。评价的根本目的是培养学生的独立性，使学生能够处理日常学习中的新问题。虽然教师在英语教学中的地位是不可替代的，但学生是学习的主体。教师需要改变可能使学生感到紧张的评价方法，提高学生参与评价的积极性，营造平等、和谐、民主、自由的评价氛围，让学生讨论自由、评价自由。

2. 评价方式多元化

评价方式多元化表现在不仅使用单一的纸笔测验成绩去评价学生，同时还使用其他评价方法去评价学生，如问卷调查、档案袋评价、活动表现评价以及访谈法等。评价的方式不局限于固定的程序和形式，它贯穿于整个教学活动中，方法灵活多变。传统的评价形式是通过考试进行的，如终结性评价等。考试有很多种，如单元考试、期中考试、期末考试等。经常进行终结性评价的结果是学生容易感觉学习枯燥并失去兴趣。教师应在日常英语教学中运用多种评价形式，如形成性评价与终结性评价相结合的方法来评价学生。

3. 评价内容多元化

评价内容多元化表现在对学生的语言知识、学习技能、情感态度等各个方面的综合评价，注重学生的学习方法及学习过程。评估学生的认知能力、对基础知识以及各项技能的掌握情况，同时评价学生的兴趣特长、协作能力、自主学习能力。教师在设计活动时，要根据实际情况建构多元化的评价内容，以便全方位地了解学生的学习情况，达到全面综合评价的目的。在课堂中，教师可以引导学生参与一些锻炼口语表达能力的活动，如游戏、英语表演、角色扮演等，可以加强学生对语音、词汇、基本表达句式的掌握。

（四）英语教学评价

英语教学评价是在英语教学活动中，根据英语学科的教育目的和原则，对教育过程和所产生的成果进行定性和定量的测量，进而做出价值判断，并为学生的发展和教学的改进提供依据。

英语教学评价在英语教学中具有重要作用，它不仅是评判、选拔学生的测量工具，更能以其自身的激励和促进作用，激发学生的学习兴趣，调动学生的学习积极性，还可以使学生增强自信心，获得满足感和成功感，培养学生之间的互助合作精神，有助于提高学生用英语进行日常交流的能力，并为他们进一步的英语学习打下良好的基础。

小学英语教学评价，按照评价方式可以分为口头的、书面的；按照评价对象可以分为自评、互评、家长评、师生评；按照评价的时效性可以即时评价、延时评价；按照评价的结果可以分为形成性评价和终结性评价等。

二、小学英语教学评价的内涵

评价促进学生的学习，评价引领教师的教学，评价贯穿教与学的始终，一直是新时期教育评价工作的重要宗旨。关于评价的要求包括评价机制的多样化、评价内涵的多维化、评价方法的多样化等。《义务教育英语课程标准(2011 年版)》提出，英语课程评价体系应促进学生综合语言运用能力的发展，通过采用多元化的评价方式，评价学生综合语言运用能力的整体发展水平，包括语言技能、语言知识、情感态度、学习策略和文化意识等方面，并利用评价调动学生的学习兴趣，以促进学生的自主学习能力、思维能力、跨文化意识以及健康人格的全面发展。学生的核心素养是学生知识和能力、过程和方法、情感态度和价值观的综合体现。伴随教育和教学改革的不断发展和深化，英语评价行为越来越强调评价方式的多元，评价对象要层次化，评价主体要多元化，评价时机要恰当化，评价形式要多样化，评价内容要全面化。

坚持科学有效，改进结果评价，强化过程评价，探索增值评价，健全综合评价，充分利用信息技术，提高教育评价的科学性、专业性、客观性。教育兴则国家兴，教育强则国家强。面对当今世界百年未有之大变局，对高素质人才的需求比以往任何时候都更为迫切。所以我们必须充分发挥教育评价的“指挥棒”作用，从根本上扭转不科学、不合理的教育评价导向，提升教师评价素养，促进学生全面健康成长。

小学英语教学评价是英语老师为了获取学生在英语学习中的各方面信息，从而提高学生学习能力的一种过程性评价，其具体内涵包括如下几个方面。

①评价科目——英语。

②评价目的——有助于小学生改进课堂学习行为，获得良好的课堂效应，并提高学生的英语学习自主性。

③评价范畴——学习评价。

④评价主体和方式——教师评价、学生自评和学生互评。

⑤评价对象和内容——学生的学习情况（学习行为、学习过程、学习效果、学习心态和方法等）。

⑥评价范围——一般是对学习者一节课的学习活动做出的评价，一般都是在课堂教学内或当天。

⑦评价方法——口头语言评价、体态语、面部表情、物质奖励等。

三、小学英语教学评价的基本理念

英语课程标准是英语教学评价的风向标，也是教学评价所必须依据的纲领，英语这门课程应具备两大属性，即工具性与人文性。英语课程的工具性主要是指英语作为一种交流工具，学生通过对英语课程的学习，有助于个体在英语的听、说、读、写四个方面的能力得到提升，促进学生思维的深度发展。英语课程的人文性主要是指学生在学习英语的过程中，体验不同国家的文化，有助于学生开阔视野，提高学生综合人文素养。小学英语教学评价有以下六点基本理念。

第一，重视学生的素质教育，强调语言学习对学生发展的教育性与价值性。在大力推进素质教育的时代背景下，英语语言的学习应当促进学生在思想道德、个性、能力等多方面的综合发展。义务教育阶段是学生学习和成长的基础性阶段，在义务教育阶段将英语课程学好，打好基础，可以为学生未来的长期英语学习和个人综合语言能力的发展创设良好条件。

第二，关注语言学习者的统一性与差异性，因材施教。一方面，英语课程应当关注学生的整体性与普遍性，教师在进行教学设计、教学活动组织安排时应考虑处于特定发展阶段的学生的身心特点，以照顾到大多数学生的学习情况；另一方面，教师在教学过程中又应当关注每个学生的特殊诉求，有针对性地采取不同的教学方式与手段，激发不同学生对英语学习的热情与兴趣。

第三，在教学目标的设定上注意宏观统筹、稳步推进。真正掌握一门语言，绝非依靠短暂性学习就能实现，它需要的是每个学习者一朝一夕、日积月累地坚持与努力。在义务教育阶段，英语课程的学习在不同的年级段都有不同的要求，但总体来看，各个年级段的英语课程目标是相互衔接、密不可分的，根据课程设置的规律，英语课程的教学需遵循螺旋式与渐进式相结合的特征规律，随着学生年级的不断提升，对英语课程的学习和掌握也会有一个渐进、持续的发展过程。从学生的长远发展角度整体设计英语课程的教学目标，做好义务教育阶段与高中阶段英语学习的衔接，发挥好义务教育阶段英语课程的基础性作用，促进学生的长久发展。

第四，强调英语本身作为一门语言的学习过程，注重语言的学以致用。英语作为一门工具性语言，其首要功能是帮助个体之间利用英语这一语言媒介进行沟通与表达。语言重在实践，重在运用。基于语言的本土性与特殊性，在我们当前的国内环境中，往往缺少运用英语的情境与环境。因而，在义务教育阶段突出强调教师在日常教学实际中应注重为学生创设语用的条件与环境，化无为有，尽可能帮助学生能够明白自己所表达出来的每个英语单词或者句子在日常真实的生活情境中究竟代表何种意义，只有有意义地学习才能帮助学生加深、巩固自己所学的知识，进而提升学生对英语的语用功能。

第五，在评价方式与内容上，注重对学生综合语言能力与水平的评价。在以往的教学评价中，由于受应试教育的影响根基之深，在英语教学评价中往往采用的是强调学生成绩好坏的终结性评价，在英语听、说、读、写四方面的能力中，对于学生听、说能力的重视还不够。并且根据一两次的考试成绩就判断学生英语水平的高低已不适应目前多元化的评价诉求。因此，在英语教学评价中，应实现形成性与总结性两种评价方式的结合。我们不仅要关注学生的笔试成绩，更要关注学生平时在课堂上的表现，关注学生在听、说、读、写四个方面的全面综合发展。

第六，在课程资源和学习途径方面，进一步丰富和拓展。在当今便捷的网络世界中，英语学习资源日趋丰富。作为21世纪的英语教师，更应当具备对多种信息与资源的整合与使用能力。在课堂中，教师应为学生提供多种丰富的资源，积极利用音像、多媒体、网络等为学生提供贴近生活、贴近时代的学习资源，不断拓展学生的思维与眼界。

第二节　小学英语教学评价的方法

一、课堂评价方法

课堂评价是指教师为了了解学生的学习情况、检查自己的教学效果、促进学生的有效学习而开展的对学生学习信息分析和使用的活动。课堂评价是成功教学的一个部分，它的目的在于帮助学生在学习上获得成功，任何旨在评判学生对于某一特点概念理解的程度，在这一过程中采取的有计划的方式或者策略都属于课堂评价。

英语课堂评价是指在当前教学硬件设施（一般来说指配备了多媒体的教学环境下）支持下，教师在课堂中为了评价学生对知识的掌握情况而进行的评价行为。就英语课堂而言，课堂评价方式以提问—回答、听写、考试为主，在多媒体运用较多的课堂上这种方式也逐渐发生了变化。例如，在一节英语课堂上，教师通过展示一些图片让学生说出对应的英语单词就是典型的图片引发的课堂评价。由于受传统英语升学考试影响，课堂评价内容也多集中在阅读、语法、词汇上，对于较为灵活的听、说则评价不够，在英语课堂中评价主体依然是教师，教师由于其自身专业知识的丰富性，需要保证学生在课堂上语言操练的正确性，对于学生的错误需要及时纠正，对于学生的表现需要及时给出反馈。在一些课堂上也在慢慢实施学生参与评价，但由于学生的知识本身不够扎实、课堂时间有限等原因，这种评价并没有广泛实施。在课堂评价的反馈上，课堂存在只重结果不重过程的现象，且有时候评价反馈不够及时，忽略了对于学生创新精神的反馈。

（一）根据评价的作用分类

根据评价在教学过程中的作用，课堂评价可以分为诊断性评价、形成性评价、终结性评价。

1. 诊断性评价

诊断性评价一般是在教学开始前对学生已有知识水平和能力的评价，传统意义上的“摸底考试”就属于诊断性评价。诊断性评价在上课前实施，用来帮助教师明确学生基本情况，进而优化教学设计，以满足不同阶段学生的需求，因为其实施时间的特殊性，我们也将诊断性评价称为前测。诊断性评价倾向于在课前通过提问、访谈、测验等多种形式评价学生对课堂知识的预习情况和学生对于这堂课的感兴趣程度等方面，通过这些角度的评价，让教师能够掌握学生的基本水平，同时利用这一反馈信息，对自己的教学有更清晰的定义，同时，教师能够更好地把握教学进程、掌控课堂时间，更好地进行因材施教，确保每一个学生都能得到发展。而学生，能够通过这一手段，知道自己目前的学习水平与学习目标之间的差距，然后在课堂上有目标地学习。

许多教育学专家给出了他们认为的诊断性评价的定义，有的认为实施诊断性评价就是为了找出深层次的原因，从而根据原因设计对策和改变方法，以此优化教学设计。有的指出了诊断性评价的内容，应该选择学生已掌握的相关知识，或者是这堂课要学习的内容，而且评价不能只是对学生的优点进行测评，同时更应该关注学生的不足和期望发展。了解每个同学的优点和缺点，知道他们缺什么、需要什么，能够帮助教师更好地因材施教，有利于学生的发展。在当前的大环境下，学生能够了解到自己想要了解的任何信息，因此每个人都有属于自己的特点，学生在这样的环境下，对于教学评价也有自己的要求，因此教师需要了解学生信息，帮助学生查缺补漏，尽量做到让每个学生都得到发展。最后，诊断性评价能够起到诊断激励的作用，通过诊断让学生了解自己目前的不足以及困难，为其后期改正缺点提供了依据，对教学的目标也更加清晰，进而在课堂教学中占据主体地位。

诊断性评价应用于小学英语课堂教学是为了帮助小学生找出自身在英语学习中的缺点，与传统的通过分数来定义学生有着本质区别。同样，秉承这一理念，以诊断性测试卷为工具帮助小学生明确自己的英语差距，帮助小学英语教师更清晰的了解小学生的英语学习情况，进而帮助学生和教师构建高效的英语课堂。诊断性评价是在一堂英语课之前实施的教学评价，是通过了解学生对于英语知识掌握的程度，找出学生学习英语困难的地方，然后帮助学生克服困难，让每一个同学都能体会到英语学习的乐趣，同时学生也可以明确自己的不足，进而优化自己的学习方式，提高自己的英语学习成绩。

2. 形成性评价

形成性评价是在教学过程中进行的比较及时的测评和反馈，包括课上的口头提问、学生展示、课堂作业等，这也是信息背景教学环境下课堂评价发生改变较大的部分。小学英语教学的形成性评价应当采取校内外和课内外相结合的方式，既要让教师与学生自评，也要让他们彼此互评，综合运用不同的方式与方法设计考核试卷，根据不同地区、不同水平测评学生的语言能力以促进其发展。形成性评价与教学过程密切相关，在学习过程中，教师通过保存学生学习档案的方式，及时了解学生的学习情况，掌握学生学习情况的第一手资料，它有助于教师了解学生掌握了什么、掌握到什么程度、如何更好地掌握，也有助于教师确定下一步该做什么以及如何教学生更好地学习。在形成性评价过程中采取问卷调查、访谈与观察等形式进行口头或书面评价。例如，小学英语教学中的作业批改采用形成性评价的具体方法如下：①采用话剧的形式让学生进行角色扮演，关注学生的表现，让学生充分展示自己，并给予口头评价；②通过教材中的英文课文，让学生大声朗读课文促进学生的音乐智能，通过话剧表演促进学生的身体智能，通过看图读单词促进学生的视觉空间智能；③教师及时给予学生评价结果，与学生开展多种形式的沟通，对学生的发展给予肯定，鼓励学生进行自省，对学生的学习兴趣变化和学习策略使用进行跟踪和了解。

3. 终结性评价

终结性评价是在一个大的学习阶段结束后对学生进行的较正规的制度化考试，如学期末的期末考试等，其目的在于给学生评定成绩。

终结性评价是在比较完整的教学结束之后，对全体教学目标或学习目标达成情况所进行的评价，所以也称作结果性评价。形成性评价则是在教学过程中，为获得学习的反馈信息，对学生的知识掌握情况所进行的系统性的评价，这是教师和学生在日常教学过程中共同进行的评价活动。形成性评价要有利于监控和促进教与学的过程，终结性评价要注重考查学生综合语言运用能力。

终结性评价应用于小学英语课堂教学中是对学生学期或学年英语课程学习的检测，是一种基本的评价方法。其主要基于形成性检测，运用终结性检测手段来评价小学生整学年英语课程内容学习情况。终结性评价具有甄别、诊断、评判、选拔等功能，备受教师、学生、家长及社会的关注。终结性评价有助于学生总结、回顾英语学习的内容与方法；有助于教师了解学生，改进英语教育教学，提高英语教育质量；有助于家长和社会了解小学英语教育质量。

小学英语教师在教授英语课程期间，在日常对学生进行形成性评价时，需要通过日志、过程记录等手段来记载评价内容。同时运用专题、试卷等终结性评价手段来总结学生英语学习情况。实际上，评价手段各有利弊，应把平时经常性评价和阶段终结性评价相互结合起来。

4. 三种评价方法之间的关系

从上面三种评价方法来看，诊断性评价是在小学学期英语教学或者单元英语教学开始前，为了评价小学生的英语学习准备程度，使英语教学计划顺利进行而对小学生现有的英语能力水平进行的测定性评价，诊断性评价的作用是对小学生进行合理的定位，从而采取合理的英语教学方法；形成性评价是在小学生学习英语过程中对学生英语知识的掌握水平进行的评价和反馈，进行英语课堂观察、英语教学讨论等，形成性评价侧重于即时性、参与式、灵活度高的非正式反馈，能够对阶段性的教学效果进行记录；终结性评价是在一个英语教学阶段结束后，以预先设定的小学英语教学目标为基准，对学生所达成英语教学目标的程度进行判断，通常测试范围广、概括水平高，终结性评价通常采取测试的方式对学生的学习成果进行全面评定。

21 世纪以来，学者重视诊断性评价、形成性评价研究的同时也重视与终结性评价一起使用，通过诊断性评价可以对英语课堂教学之前学生的英语学习情况有一个基本了解，形成性评价能提供定期的、及时的反馈，而终结性评价更多的是展示学生最后的学习成效，在教师进行新内容的教学之前，诊断性评价、终结性评价可以帮助教师了解学生是否已经达到一定的水平，形成性评价可以检查学生知识的掌握情况，从而帮助学生决定是继续复习还是进行新内容的学习。

由上述内容得出结论，我们在认识到三者之间差别的同时，也应理解它们之间的关联，换句话说，对诊断性评价、形成性评价与终结性评价的划分目的是更好地认识与理解评价的类型与作用，如果孤立地看待三者的关系，或是刻板地认为三者之间存在不可磨灭的界限，也就丧失了概念提出的意义和价值。所以，在教学中要注重诊断性评价、形成性评价和终结评价的有机结合，既关注过程，又关注结果，以客观、公正、高效的视角评价学生。

（二）根据评价的主体分类

根据评价的主体不同，课堂评价可分为教师评价和学生自我评价。教师评价是教师对于学生学习状况和成果的评价，既包括正式的测验考察也包括个别的指导和答疑，既包括肯定的评价和鼓励，也包括否定的规劝和建议。教师作为评价的主体也是当前教育中最常规的现象。学生的自我评价是指学生在教师教学的安排引导下对自己的学习成果的评价，这一方式有利于培养学生的独立意识，增强个人学习的动力。在教育改革中，为了提高学生自我学习能力，越来越多的地区和学校正在逐渐加大学生自我评价的比重。课堂评价是指教师有目的、有意识地在课堂中组织的一系列了解教学效果、推进课堂教学的活动以及采取的有效策略。

在传统英语教学中，教师基本是评价的唯一主体，评价过于主观，一些评价由于缺乏客观性不利于学生从评价中获得积极激励。教师对学生的评价完全占据课堂，会让学生失去课堂主人翁的意识，发挥不出学生在评价体系中的作用，不利于学生自我学习、自我提高。在新课改要求下，课堂评价主体应改变单一化特点向多元化转变，即不光要有教师评价学生，也要有学生互评，甚至学生对教师的评价。只有这样才能构建一个全方位的、立体的、平等的课堂，教师的教和学生的学才会互相促进。由于英语课堂互动性要求较高，学生这个评价主体又可以细分为全班学生集体、学生小组、学生个人。若整节课只是与集体的互动，缺乏小组或者个人的评价，这节课的评价主体也不够丰富。而分组教学由于分组的便利性，这三种学生主体都可以在教学评价中体现出来。根据以上分析，评价主体及评价对象的组合可以分为三个维度：教师评学生（教师—集体、教师—小组、教师—个人）、学生评学生（集体—个人、小组—小组、个人—小组、个人—个人）、学生评教师。其中，由于环境搭载的软件可以根据教师事先设定的标准答案针对学生的即时表现打分，也算入教师对学生的评价。

二、作业评价方法

教学评价是对教学过程的具体环节进行价值判断的过程，包括教师、学生、教学设计、教学方法、教学环境等各个要素。信息技术的高速发展给教学评价注入了新鲜的血液，而作业批改属于教学评价中的重要组成部分，是教学重要的一环，教师通过作业的批改获取教学反馈信息，促进学生发展。在英语作业评价方式中按照形式主要分为评语类、等级类、百分制类、“表情包”类。

① 评语类评价。在文本分析过程中，将“Good”“Perfect”“Very good”“Best wishes”“You've made a great progress”等简洁性语言统称为评语类，这类简洁性评价语体现出教师对学生作业的一种肯定，鼓励学生的发展与进步，引导学生积极向上，促进学生的发展，教师通过对学生作业进行言语评

价，能更精确地指出学生的缺点与不足，从而帮助学生改正。评语类评价方式在英语教学评价中很少单独使用，可以与其他各类评价方式混合搭配应用。还要提倡英语教师使用描述性的评语，描述性评语更加侧重为学生提供详细的反馈信息，帮助学生认识到自己在英语学习中的不足，不断缩小与目标的差距，教师可以对难度大，且学生易错的英语内容运用描述性的评语，在评语中向学生阐明努力的方向、目前的状况和存在的差距以及改进的建议。

②等级类评价。教师在作业批改中采用“A”“A +”“优”等字眼进行评价和指导，当学生作业完成较好时，或者对于英语书写字体很漂亮、进步很大的学生，教师给予“A+”或“A”，表示成绩优秀、值得表扬；当学生作业完成质量较差时，教师给予“B”“良”以督促学生端正学习态度，摆正学习心态。这种等级类的评价方式在英语教学评价中使用的范围最广，原因是这种评价方式在应用过程中较为简洁和方便，有利于推动学生自觉地形成反思意识。但是，等级类的评价方式违背了发展性教学评价理念，未克服唯等级、唯成绩的评价关口，在一定程度上不利于学生自信心和学习兴趣的培养。

③百分制类。这也是当前教师习惯采用的一种方式，用以反馈学生的学习水平和学习情况，在评价过程中常常以分数的形式呈现在各种作业、书面测验中，简洁而直观的数字能使学生清醒地意识到自己在学习中的不足，及时发现短板，但是单独使用数字、字母的评价方式在一定意义上也会束缚学生的积极性和主动性，禁锢学生的个性发展，不利于学生的全面发展。

④“表情包”类。传统的等级制、分数制评价方式具有一定的合理性，但随着教育教学的发展，要求评价方式更加多元化，因此在保留传统评价方式的基础上，要进行评价方法的创新，提升学生对英语作业的兴趣和关注度。提倡英语教师使用符号评价法，利用笑脸、星星等符号进行批改。有的教师已经尝试利用“表情包”来批改作业，还有的教师将“表情包”与评语相结合，利用趣味性的语言对学生作业情况进行说明。此外，有的教师利用小贴纸或小印章的方式代替表情包。教师通常采用的贴画、印章以及教师手动勾画的图画等表情符号归于“表情包”，“表情包”作为一种新型的评价方式，它在评价过程中既可单独使用，也可搭配评语类、等级类和分数类评价方式综合应用，主要目的是激发学生的学习兴趣，培养学生学习英语的自信心，促进学生主动发展，丰富教学评价方式。

第一，印章类“表情包”评价。教师使用个性化“表情包”印章，一旦有学生完成作业较好或进步较大，得到老师的“表情包”印章，其他同学会感到羡慕，并争取下次也能获得。学生也更能接受“表情包”印章式的批评，符合小学生追求新奇、搞怪的心理。而可爱的“表情包”，也促进师生间的交流。学生都期望能加入作业批改的活动中，希望得到教师的评语。评语内容为鼓励性语言或提出改正方法、思路。评价的本质是一种判断，进而通过调整再不断发展。新时代下，社会主义现代化的进步对教学评价也提出了更高的要求，评价方式要灵活多样，促进学生身心健康的发展，这样的要求激发了各位教育工作者的热情。印章类“表情包”是指用作学生作业批改上表示鉴定或签署的文具，一般教师采用的印章都以文字与图画相结合为主，形象地对学生的书写做出满意的肯定，教师通过印章表达出对学生作业的态度，但是也有的英语教师所采用的印章为单纯的文字，如“棒”“妙”等，印章类《表情包》不需要教师动脑思考，也不需要教师掌握一定的审美情趣和艺术素养，一般采用网购方式，便宜又实惠，而且在教学评价中易操作，一“盖”而成，轻快便捷。英语教师采用印章类“表情包”进行作业批改在一定程度上能够激发学生的积极性和主动性。但是印章类“表情包”虽然拥有耐用持久的特点，但由于形式难以变换长期使用也易使学生审美疲劳、丧失情趣。

第二，贴画类。贴画类“表情包”也是教师应用的一种评价形式，英语教师采用贴画类“表情包”对学生的作业进行批改，贴画类的特征是与印章类一样使用便捷，而且也拥有和图画类一样的构造——贴画＋语言，贴画类“表情包”意蕴丰富，幽默搞笑，语言也丰富有内涵，但是其缺点在于网购价格偏贵，且重复利用率低，在实际应用过程中，针对学生不同的特点，实现对学生的全面覆盖存在一定的经济困难。学生作业完成较好时，将会得到一个“你真棒”的笑脸贴画，或者当学生成绩有进步时，教师也会送一个贴画鼓励学生继续进步，当学生成绩退步或者单词写得歪歪扭扭时，教师就会给一个“哭脸”的表情贴画，以此来表达教师看到学生学习态度不认真时的情绪。贴画类“表情包”形式也是丰富多样的，这种类型的“表情包”也受到了广大教师的青睐，获得途径主要是网购，省时省力，但相较于图画类“表情包”，贴画类“表情包”的实际成本较高，从长远考虑，不如教师亲自动手所画的“表情包”更能节约成本。

第三，画画类。随着互联网技术的发展，斗图时代已经到来，各种各样“表情包”的使用已然成为时代的潮流趋势。“表情包”在作为人们交流工具的同时，将之应用于作业批改中，也是当前教育现代化、信息化发展的一个重要亮点。90后教师已经登上了教育舞台，教学方式也更加多样化，画画类与印章类、贴画类功能相似，而画画类“表情包”构图相对复杂，需要教师动脑去想、动手去画，以致更加生动形象。画画类“表情包”一般由幽默的图画和富有内涵的文字构成，这类“表情包”最突出的特点是搞笑幽默、文字诙谐有风趣，能有力地突出评价的意义，符合小学生的心理发展特点，变幻莫测的形式有利于激发他们学习的兴趣。因此，这类“表情包”最能迎合学生的特点，带动他们学习的主动性，让学生感到学习并不是枯燥无味的，反而是一件快乐、充满乐趣的事情。当学生考试成绩不理想时，有的教师给予一个“为你打气”的小表情，鼓励学生发展，为学生加油打气；当学生成绩较为优异时，更不以单调的分数激励学生，搭配“送爱心”希望学生不要掉以轻心，继续加油。画画类“表情包”充分体现了教师对学生的“走心评价”，不是简单的“妙”或“棒”，而是给予符合学生自身情况的评价，这样的评价不仅会让学生感到耳目一新，也会使学生在整个学习过程中感受到教师给予自己的关怀与温暖，鞭策自己达到学习目标，提高学习的积极性。这样的教师走在了教学评价发展的前沿，意识到了评价的启发作用，富有创意，同时也流露出真情实感，积极地将“表情包”应用在教学评价过程中，推动了教学发展。这类“表情包”节约经济成本，通过绘画艺术所形成的“表情包”更富含教师的知识素养和艺术素养，展现教师的教学风采，形式各样的“表情包”有利于对学生进行有针对性的评价，促进学生个性发展。

三、档案袋评价方法

档案袋的英文为“portfolio”，翻译成中文即“成长记录袋”“学习档案”“学习文件夹”“作品集”“卷宗夹”等。档案袋评价方法又被译为“成长记录袋评价”等。最早使用档案袋的是投身于艺术创作的人们，他们整理最能反映自身水平与风格的作品，向客户展示，用来表达个人的能力。20世纪80年代，西方国家的教师逐步开始通过档案袋汇集学生的作品及有关的材料，评议学习者在某个领域的勤奋程度与学业进展，并利用档案袋及时向家长汇报。档案袋装载了学生的创作，体现学生某一方面的努力、提高或成果。在这些收集的创作中，需要有学生自主挑选装入的成品。同时，选择放入哪些作品的原则、判别作品优秀与否的标准、学生反省的凭证也必须放入作品集中。学习档案袋是保存能够展示学生学业成果的材料的文件夹。该文件夹能够展现每名学生在学习方面的发展状况，凸显每名学生学业方面的提高情形，可以敦促学生展开反思，促使他们养成自主学习的能力。

档案袋评价是根据一定的目的，有组织、有计划地收集的学生的作品及相关材料，反映学生在学习过程中付出的辛劳和取得的进步，并经由不断的反思对学习行为加以改善的动态过程。作为一种过程性评价，档案袋评价方法既关注学生的全面发展，又重视学生的个体差异和个性化成长。它不仅评价学生自主性学习和自我反思能力，也评价学生的学习结果。这种新型的评价方式有着纸笔测验所不能替代的优势，它是传统考试的有益补充。

档案袋评价具备如下特点：目的性、参与性、过程性和反思性。开展档案袋评价，学生在收集材料前一定要有明确的主题，以一定的目标为指引，这可称作档案袋评价的目的性。档案袋评价的参与性反映在档案袋评价从评价标准的拟订、收集内容的选择到对所选内容的评价始终需要学生的参与。档案袋评价可以记录学生的前进路径，描绘学生的成才历程，这便是其过程性的体现。档案袋评价收集的各类数据能够为学生提供反省自身读书经历的素材，这是它的反思性特点。档案袋评价的以上特点，为提高学生英语综合素质提供了可能性。鉴于此，通过档案袋评价实验，检验档案袋评价能够对学生的学习动机、学习观念、学习策略、自主学习的能力和学习的成绩产生何种影响。

小学英语档案袋教学评价对学生、对英语教师和家长都有着重要作用，体现在如下几个方面：①对学生英语学习的作用。档案袋评价能够使学生的学习动机、学习观念、学习策略和自主学习能力发生显著正向提升，档案袋评价能够辅助学生养成自主学习的习惯。随着档案袋评价的深入，学生渐渐学会了管控自己的学习。这种转变以学生学习动机的增强为契机。学习动机的增强让学生产生想要学好的欲望，这种欲望能够促使学生改变学习观念、改善学习策略，进一步提高自主学习能力。使用档案袋评价增强了学生的学习动机，改善了他们的学习观念，培养了他们的学习策略。学生不仅能够觉察到自己的变化，还可以找出变化的原因，表明学生的学习观念及自主学习能力已经达到较高水平。档案袋评价显著提高了学生的学习成绩，且长期实施的效果更佳。②对教师英语教学的作用。档案袋评价记录了学生学习和发展的整个过程，琳琅满目的资料方便教师翔实地掌握每名学生的学习状况，能够为教师提供可供反思教学的材料。档案袋评价能够体现学生的个性特征，为教师开展多样化教学活动提供可供参考的素材。以听力、朗读、阅读、写作为例，教师可通过学生对每项活动的自由选择发现学生的智能差异、学习喜好，进而设计更加适合学生群体的教学方式，使课堂效率最大化。③对家长的作用。档案袋评价为家长提供了一个更全面了解孩子学习情况的媒介。在传统的终结式评价里，家长能够获得的、评价孩子学习情况的依据只有考试分数。通过考试分数，家长只能看到学生成绩的提高与下降，并不能知道成绩变化的原因。档案袋评价详细记录了学生的成长轨迹，以成绩汇总表来说，家长能够看到学生每个单元的平时成绩（听写、背诵成绩）、每个单元的单元测试成绩、期中测试成绩、活动成绩（各项比赛成绩）、课堂观察成绩、作业成绩及档案袋完成（计划、总结等）成绩，家长能够一目了然地看到孩子的努力与进步，也能够发现孩子的薄弱环节，有依据地引导孩子进行调整。档案袋评价为家长提供了参与学生学习成长的机会。有些家长疲于工作，没有太多的时间与孩子相处；有些家长文化程度有限，很难指导孩子的英语学习。档案袋评价中的每周听力、口语、阅读、写作情况表包含家长对孩子的评价，以简单便捷的方式，为家长提供了陪伴孩子成长、监督孩子学习的平台。

有关小学英语档案袋教学评价有如下建议：①将多种评价方式结合。档案袋评价通过记录学生学习的经历，可以使学生看到自己的努力和进步，建立学习自信心。档案袋评价通过多姿多彩的活动，可以使学生体会学习的趣味，增强学生的学习动机。学生可通过档案袋评价判断自己的学习效果，树立自主学习的意识。档案袋评价通过丰富评价参与群体，可以使学生全面认识自己，鼓励学生自我悦纳。档案袋评价通过收集到的数据，可以使教师详尽了解学生的学习状况，辅助教师合理地推动学生发展。终结性评价与升学考试密切相关，将档案袋评价与终结性评价有效搭配，可以充分发挥两者的优势，将更好地为教学活动服务。②注意评价的目的性。档案袋评价的目的在很大程度上影响着档案袋收集的内容和形式，以及对这些内容的分析与应用。进行档案袋评价时，教师首先需要明确档案袋评价的目的，然后与学生协商放入档案袋中的材料与数量，要围绕档案袋评价的目的对材料进行筛选。例如，为了达到改善学生学习动机的目的，可以在档案袋中加入更有趣味性的英文歌唱比赛和小组表演比赛等活动记录。③选择合适的评价内容。教师在设计档案袋评价的内容时，需要考虑学生的认知水平及学生完成各项任务所需的时间。小学生的认知水平正处在发展阶段，过于复杂的任务不适合他们。于是在设计评价表格时，着重关注表格的内容是否简洁易懂，是否易于填写，避免学生产生厌烦情绪。④指导学生有效进行评价。教师应根据档案袋评价的目的，建立简洁、明了的评价标准，并指导学生如何依照标准进行评价。例如，作文评价，为了解决学生自评、互评的难点，选择学生的作文作为范例，将评价标准与范文结合，向学生解释如何进行作文评价，并在讲解后，另外选择两篇文章让学生小组讨论评价，以验证学生的掌握程度。最后，进入自评、互评的实际操作环节。⑤合理把握课堂时间。档案袋评价活动丰富，涉及的任务较多，教师一定要合理把握课堂时间，分配好课上任务与课下任务。例如，若是全部在课堂中完成势必会引发课堂时间不够的状况。于是，将学生自主撰写作文与二次修改作文设置为课后作业，将教师评价归为作业批改，将课堂时间用到实处，使它的功效最大化。

四、真实性评价方法

真实性评价起源于美国，是 20 世纪 90 年代基础教育领域出现的一种新型评价方式，较之传统评价，其更关注学生真实能力的持久发展，同时主张评价与日常课堂教学的积极整合。真实性评价诞生于对传统标准化的批判之上，其独特之处在于它的现实性和情境性。真实性评价通过创设具有现实意义的问题情境，采用多样化评估方式，检测学生实际运用知识技能的程度，改变了传统评价对事实性知识再认和回忆的过分关注。

从不同的视角来审视真实性评价，总体分成两类观点。从狭义上看，真实性评价是一种把真实的生活任务或模拟现实情境中的任务与学生评价相联系的评价方式。从广义上看，真实性评价已经随着教育改革成为新型的教育理念，并与当代的多元化学生评价思想相吻合，不仅突破了它作为评价方式的局限，还与教学相辅相成。真实性评价是一种新型的教育评价理念，是教师根据学生在完成任务的过程或结果中所表现出的知识、能力、态度、情感等品质，运用一定的方法对其知识掌握程度、问题解决能力等多方面表现进行的综合性评价。真实性评价并不局限于它的“评价”与“评定”，其最终的目的是促进教—学—评的融合。

从以上定义可以看出，真实性评价与传统的评价有一定的区别，真实性评价并非是一个完全绝对的概念，不能完全断定某种评价就是真实的或者非真实的，只能说某种评价的真实性程度高低与否，这个程度取决于教学设计与专业情境的相似性。真实性评价不仅是评价本身，更是一种具体的学习活动，不仅能发挥评价的诊断功能，更能发挥其激励和导向功能。真实性评价的评价主体为学生自身、同伴、家长以及专家等，评价内容包括情感、态度、文化素养、价值观和品德等，评价方式可以采取观察、记录和档案袋方式，评价时间为英语教学整个过程，评价标准灵活、多样且详细，此外，真实性评价便于教师灵活安排教学，提高课堂教学效率，学生可以根据评价的过程和结果进行自我评价和自我调节，进而促进学生真实性学业成就发展。

真实性评价的操作步骤为确定评价目标—设计真实性的任务—确立评分标准—评定与反馈，真实性评价包含在学习过程当中，会产生多种解决问题的方法，真实性评价的时间不能具有严格限制，真实性评价具有灵活性，可以在运用过程中加以改进，真实性评价涉及个体单独作业或小组作业，学生是积极的参与者，学生拥有更多的自主权，真实性任务能引发学生思考真实性测试评价的是学生的习惯和全部技能，而不仅仅局限于对知识的回忆，给评价任务打分是一个复杂的过程，它需要一系列的评分技术。以真实性评价为理念指导小学英语教学活动，既可以提高英语教学效果，发展学生综合运用语言的能力，还能促进学生个性发展，提高学生解决实际问题的能力。

第三节　小学英语教学评价的策略

一、小学英语教学评价的原则

小学英语教学评价要遵循科学性、合理性、系统性、层次性、可操作性、发展性、个性化、主体性和鼓励性的原则。

（一）科学性

所谓科学性，是指所要介绍的概念、原理等内容或者论证的方式、方法是具有一定的客观性与确切性的，在某种意义上可以反映出客观事物的本质规律。对于小学英语教学评价，科学性原则主要体现在具体构建的各个环节、过程都应符合科学的要求，都应遵循教育学和统计学等学科的内在规律，应最大程度地反映出小学英语教学的实质性要求。

（二）合理性

所谓合理性，从字面意义上理解，即某一事物的存在与发展应是合乎常理、合乎道理、合乎客观理性的。小学英语教学评价应符合小学英语的日常教学实际，应与客观存在的小学英语教学经验与事实相契合，如此构建起来的小学英语教学评价才可能是客观且适度的。

（三）系统性

由于小学英语教学评价会涉及多种因素，如何对这些影响因素进行合理、有效的组织与安排，还需要我们遵循系统性的原则。所谓系统性原则，是指所要构建的小学英语教学评价内部应有一条逻辑主线，通过这条逻辑主线可以将所有影响小学英语教学评价的因素联结起来，使诸多因素在统一教学目的和规律的要求下能够相互衔接、彼此联系，所有指标构成了一个完整的统一体。

（四）层次性

在构建教学评价过程中，层次性原则往往与系统性原则紧密联系。在一个完整、统一的系统内部，为了反映客观事物内在的丰富性，往往会依据不同的维度、不同的视角将某一具体事物划分为不同的层次。这些不同的层次有各自的属性和规律，同时当它们统一在一起的时候，又可以呈现出事物内在的本质和规律。小学英语教学评价中的各层级指标从不同的侧面反映着小学英语教学评价丰富的内涵。

（五）可操作性

小学英语教学评价构建的实践取向是直接指向真实的、生动的教学情境中的。因此，小学英语教学评价构建起来后应当能够被一线的教育工作者直接运用与实施。小学英语教学评价的可操作性，一方面是指所设置的指标项一定是能够观察或测量出来的，另一方面则指该指标体系在实施过程中所运用的方法是较为简便的，能够帮助教育工作者在较短的时间内获得自己所需要的评价信息。

（六）发展性

小学英语教学评价可以使小学生改变对英语学科的认识，提高小学生的英语成绩。小学英语教学评价的作用不是简单地评价小学生的英语学习成绩，而是要帮助学生发现自己英语学习中的优势和问题，从而改进和完善英语学习的方法，同时将评价结果及时反馈给教师，帮助教师更好地了解学生，调整小学英语教学方法，改进小学英语教学策略。

（七）个性化

小学英语教学评价还要注重小学生创新素质的培养，同时注重小学生的个性的发展，重视小学生潜能的开发。小学英语教师应该接受和认可学生的个性，在教学中注重因材施教。在英语教学组织和评价时，对于不同英语水平的小学生设定不同的评价标准。

（八）主体性

小学英语教学评价要充分发挥小学生的主体地位，学生在评价过程中变被动为主动，积极主动地参与到英语教学评价过程中来。小学英语教师应该从主导者转变为引导者和合作者，努力营造民主而平等的英语教学评价氛围，鼓励小学生积极参与英语教学自由评价。

（九）鼓励性

在小学英语教学评价实施过程中，要鼓励小学生积极地参与到教学评价中来。教师要多鼓励学生，多给学生一些中肯的、鼓励性的评价，在小学英语教学中也要多写给学生一些鼓舞性的评语，让学生喜欢和享受英语学习，增强英语学习的自信心。

二、小学英语教学评价指标体系的构建

依据教学评价构建的原则，从英语教学的各个环节入手，从中分析评价英语

教学活动时最需关注的要素以及影响课堂整体教学效果的因素，构建小学英语教学评价指标体系。

英语教学的环节划分为三个阶段：课前教学准备阶段、课中教学实施阶段以及课后教学反馈阶段。在课前教学准备维度下设置教学目标和教学设计一级指标，教学实施过程维度下设置教学内容、教学方法和教学氛围一级指标，教学效果反馈维度下设置教学效果这个一级指标。在各个一级指标之下考虑其所应包含的内容和要素进行二级指标的设定。

（一）课前教学准备阶段的评价指标

在课前教学准备阶段，主要注重两个方面的准备：一是要明确本节课的教学目标，二是要构思英语教学活动设计。

在教学目标方面，主要是基于英语教学评价以及目标本身所具有的特性而确定的。一是英语课程标准作为英语教学评价主要的依据与纲领，教学目标的制定必须符合义务教育英语课程标准要求，要依据课程标准对学生、教师所提出的要求来进行设置；二是英语本身作为一种传播与交流世界文化的有效载体，教师一方面要教会学生合理地使用英语工具与他人进行交流，另一方面还要帮助学生深入挖掘英语这门语言背后所涉及的众多文化因素，在让学生体会到国外文化有别于我国文化的同时，又能够引导学生形成正确的辨别不同国家文化的理解力与判断力，加强跨文化的意识与能力，同时也增强对我国文化的认同感与自信心；三是教学目标的确定应让教育者、评价者能够清晰具体地理解教学目标，并能够在教学实践中直接去运用它。

在英语教学活动设计方面，主要是对英语教学结构和英语教学活动进行了规定。整体来看，针对英语教学活动的设计，首先在时间的分配上一定要是合理的。每个教学环节需要花费多长时间、每个环节与活动如何分配时间才能最大限度地达成时间最优原则，都需要教师进行精心设计与构思。其次，教学活动的各个教学环节应环环相扣，无论是热身环节、新授环节，还是最后的巩固与作业环节，都应在达成教学目标的主线上渐进设计。

（二）课中教学实施阶段的评价指标

在英语教学活动的具体实施阶段，需重点关注教学内容、教学方法以及教学氛围三方面的内容。

首先，在教学内容方面，需关注教师是否将教学重难点讲解透彻，在学习的过程中学生是否能够清晰地掌握重点、理解难点；其次，在我国大力弘扬社会主义核心价值观“进课堂”的教学改革浪潮中，教师是否具备将这些元素融入英语课堂的理念、是否有对教材内容中可能蕴含的元素进行深入挖掘的能力，以及是否能够在教学过程中对学生的价值观进行正确引领，都是评价者评价教师的教学内容时所要重点关注的；最后，教学内容的讲授还应注意与学生日常的生活内容建立起联系，从而使课堂变得真实有生气。

在教学方法方面，首先，教学方法的选择应灵活多样，单一的教学方法难以真正调动起学生的学习兴趣；其次，在“以生为本”的教学理念下，教师更应关注学生在学习过程中的主动参与，应该引导学生在教师所创设的真实教学情境中主动地、探究式地学习，引导学生理解语言背后的深层意义，能够懂得如何将自己的所学应用到实际生活中，以使学生的学习变得更加有意义；最后，教师应秉持因材施教的理念，在教学过程中，能够对不同能力水平的学生以不同的方式方法进行有针对性的教育，使不同能力层次的学生都能发挥出自己的最大优势。

在教学氛围方面，也可依据整堂课的教学氛围是否融洽，师生在教与学的交往中是否愉悦且学生是否能感受到自身在知识的深层理解、情感的丰富表达等方面有所提升，来进行评价。此外，教师在教学中还应使用多元化的评价方式，评价的方式与语言应能促进学生对英语学习兴趣与自信的进一步提升。

（三）课后教学反馈阶段的评价指标

教学效果的反馈主要依据学生是否达成教学目标来判断：一是学生对新授英语词汇与句型的理解是否进一步加深；二是学生的文化视野是否进一步开阔；三是学生对英语学习的兴趣与自信是否进一步提升。

三、小学英语教学评价的实施策略

（一）丰富小学英语教学评价内容

小学英语教师应全面把握、关注学生的各个方面的表现，坚持评价内容的全面性原则。学习策略对小学生的发展和学习有着重要作用，学生可运用一定的学习策略，如思维导图、关键词法等技巧去实现学习目标。因此，教师要做到全面把握，不仅要关注对学生语言知识技能和情感的即时评价，也要重视对学习策略的评价，从而帮助学生掌握学习策略。例如，英语教师可以有意识地布置一些需要上网查找英语资料的作业，提高学生利用网络搜集英语信息的能力，增强学生使用多媒体进行英语学习的意识。通常，小学生学习策略的培养是一个漫长的过程，需要教师反复地提醒、引导、纠正、完善。小学英语教师不仅要传授学生多样的学习策略，还要对学生的学习策略进行即时评价，帮助学生发现规律、总结规律、掌握方法，逐步培养其使用学习策略的意识、习惯，提高学生对学习策略的运用能力。

小学英语教师的即时评价需要统筹兼顾，英语教师要从全局出发，既全面推进又突出重点。一方面，即时评价内容要全面推进。英语教师应对学生在语言知识、技能、文化情感、学习策略各个方面的表现进行针对性的评价。英语教师必须兼顾当前和长远利益，能意识到学生的全面发展既离不开知识技能的学习，也离不开情感策略的培养，只有全方面地推进才能真正培养学生的英语学科素养。因此，评价需全面推进、全面关注。另一方面，评价内容要突出重点。分课时目标之间是包含与递进的关系，每课时的语言知识、技能、情感等的推行呈螺旋上升的状态。教师可以根据目标进行自主选择，突出评价重点。虽然每个课时的目标都包含语言知识、技能、情感、策略等方面的内容，但每个课时的教学侧重点不同，因此教师的评价要合理安排各部分的即时评价频次和方式。

总之，小学英语教师的即时评价需要全面把握、统筹兼顾，不仅要关注、重视学生各个方面的发展，给予实用的、针对性的即时评价，而且需结合教学目标和实际情况突出即时评价重点，有所侧重。

（二）实施小学英语教学多元评价

随着全球化和经济的快速发展，英语在国际交流互动中的作用越来越重要。英语在我国中小学阶段成了一门主要的学科。小学阶段的学生，大部分刚刚接触英语，在这个时期教师不仅要引导学生学习基础知识，更重要的在于培养学生的英语学习兴趣，让学生感受到学习英语的乐趣是非常重要的。仅仅以考试成绩作为唯一的评价方法已经过时了，不能满足当代学生的发展需求，不能适应新课程的要求。因此，采取多种多样的评价方式是很关键的。英语课程的评价主体、评价形式、评价内容、评价目标等应尽可能多元化。有效实施多元化评价是一种非常重要的教学方法，可以让学生在学习过程中认识自我，感受到进步和成功，增强自信心，对英语产生兴趣。

教学理念的更新应符合国家英语课程标准的要求，这就需要教师更新教学理论，并将多元化评价方法运用到英语实践教学中，跟上时代的步伐。教师应该重视培养学生的综合语言运用能力，而不是仅仅强调考试分数。当学生制订学习计划时，教师的角色需要转变成指导者、参与者和引导者。教师要契合以人为本的教学理念，更多地关注学生的个性发展，通过关注学生的个性学习特色、关注不同课型的教学设计，推进以学生为本的课堂教学评价。

对于不同层次、不同水平的学生，评价主体、内容和方法应不同。在实施多元化评价的过程中，要注意学生在不同阶段的差异性。由于小学生掌握的学科知识较少，他们的身心发展仍处于儿童时期，对周围的一切都感到非常好奇，所以小学阶段是学生在学习与生活中养成良好习惯的最佳阶段。因此，在对他们进行评价时，要注意他们的兴趣点，培养他们的好奇心，养成他们对英语学习的兴趣。

①坚持评价形式多样化。教师英语课堂中的非言语评价形式可以很好地调节课堂教学气氛，对师生关系产生影响，吸引学生的注意力，并指导学生参加英语实践活动。教师要自觉将言语评价与非言语评价结合起来，这样才能真正发挥评价的诊断、激励与反馈作用。同时，教师的言语评价要有针对性、准确性、客观性、适时性等特征。在教学过程中，教师不但要重视运用言语评价形式，而且也要正视运用非言语评价形式，将非言语评价行为贯彻在课堂教学活动中。虽然言语评价运用起来直接简单，但如果在评价学生时仅强调言语评价的运用而忽视非言语评价，评价就必然会变得苍白乏力，而通过恰当地运用非言语评价，能够提高评价的说服力和感染力。鼓励英语教师在课堂教学中适时、适度地发挥非言语评价的优势来辅助言语评价，从而实现评价效果最优化。评价中以学习者为中心，知识是由学习者在必要的信息资源的帮助下建构起来的，非言语评价主要功能是辅助，对言语评价起着强调和补充的作用。因此，英语教师在课堂活动中要运用非言语评价辅助英语教学，并通过言语评价行为与非言语评价行为的融合吸引学生，让学生积极参与学习过程，完成教学任务，不断提高小学英语教学效果。

②坚持评价主体多元化。教师在课堂评价中，必须充分发挥学生的能动作用，

与学生共同建构知识。传统评价观念认为学生是评价活动中的客体，是评价的主要对象，但学生同时又是评价信息的使用者。因此，学生在评价中应发挥其主体作用。可以采用教师评价、家长评价、同学互评以及自我评价等多元评价模式，进而实现评价主体的多元化。促进学生全面发展的评价办法强调评价多元化，既坚持教师对学生的评价，又要鼓励学生积极参与到评价活动中来，将教师评价与学生自评、生生互评、师生互评紧密结合起来，从而实现评价主体的多元化，同时，家长评价的作用也不能忽视，家长评价在英语教学中发挥着独特的作用。

③坚持评价内容全面化。要通过评价体现我国全人教育思想的理念。英语教育所培养的不仅是知识和技能，还包含个人获取和应用知识、认知与技能的能力以及态度、情绪、价值与动机等。学生面向未来的能力是在合适的学习环境中学习而来，而且是终身受用的能力。基础教育阶段的英语教学评价不但要对学生的语言知识和语言技能做出全面评价，同时有责任和义务对学生的英语学习策略、文化意识和情感态度等加以考察。结合多元智能理论，发掘学生多元智慧。英语课程在培育学习者情感态度等方面起着特殊作用。由于语言与文化紧密联系，在英语学习中，跨文化交际的教育内容有很多，因此我们应该培养学生的跨文化交际能力。此外，由于缺乏适当的语言环境和跨文化知识储备，要求学习者必须掌握相应的学习策略。因此，要提高学生的综合语言运用能力，必须完善教师对学生的评价内容。

④坚持评价对象层次化。教师在课堂上的评价对象有个体、小组和全班同学。但在实际观察中发现，由于教师的课堂评价行为多聚焦于学生个体和全班学生，往往忽视了对小组学生的评价。所以，在评价对象的选取上，教师不但要对学生个人及全班作出全面深入的评价，更应充分考虑对班级小组的关注和评价。

⑤坚持评价时机恰当化。在实际的课堂教学中，教师注重对学生进行即时评价，帮助学生快速且清晰地认识到自己的优势和劣势。但如果过度追求即时评价，效果可能适得其反。在课堂教学中对学生的评价时机应该是灵活化的，而不是侧重于即时评价。有时候过早的评价反而会扼杀学生的创新意识和想象力，而延时评价能为学生留出更多思考的时间和自由想象的空间。

通过在英语教学中实施多元化评价能够给教师提供及时的反馈，使教师及时调整教法，以更加人性化、易于被接受的方法评价学生，有助于推动教师专业能力的发展。通过在教学活动中实施多元化评价能够端正学生学习态度，改变学习方法，有助于促进学生全面发展。

在多元化评价的指导下，教师可以引导学生找到适合自己的学习方法和学习策略，提高英语学习效率。同时，通过多元化评价可以激发学生英语学习的热情，从而提高学生对英语学习的兴趣和自信心，最终使得学生更加愿意主动学习英语。由于多元化评价是一个动态的过程，教师可以通过多元化评价提供的反馈信息来观察学生学习过程中表现出的态度和兴趣。与此同时，教师也可以不断调整自己的英语教学活动设计，从而保证英语教学目标的实现。多元化评价对教师的教学和学生的学习都是非常有效的。

（三）优化小学英语教学评价方式

1. 评价方式的多样化选择

第一，非言语性的评价方式应被重视。如点头、微笑、鼓掌、竖起大拇指等非言语性的即时评价具有生动、直观、灵动的特点。对于形象思维占主导地位的小学生而言，比起单纯的言语即时评价，有时非言语性的即时评价更能有效地增强教师言语表达的效果。非言语即时评价能有效辅助英语故事的教学。例如，英语教师可以模仿故事中人物的性格、表情、语气、动作等对学生进行即时评价，这样既能增强即时评价的表达效果，又能让学生感到新奇、有趣。又如，启发学生时，如果教师能微微点头，并给予学生肯定的目光，那么学生也许能更加深刻地体会到教师对其真诚的肯定，拉近了师生之间的心理距离。英语教师也可以让学生成为评价主体，让学生在故事活动中运用非言语的即时评价评价自己或者同学。此外，言语和非言语即时评价方式的有效整合能增强即时评价的功效，英语教师使用言语即时评价时配以恰当的表情、手势、目光等，能使评价语言变得更加生动、富有情感。因此，小学英语教师应根据课堂的实际情况有意识地整合言语和非言语的即时评价方式，以期达到 $1+1>2$ 的效果。总之，教师要不断提高非言语即时评价的使用技巧，进行对镜练习、专题学习等训练，使非言语即时评价的使用更加自如和到位。

第二，除了表扬性和肯定性的评价方式，英语教师也要注重其他的言语性即时评价方式。素质教育强调培养学生的创新能力、探究问题的能力，而启发式的即时评价是促进其发展的有力工具。因此小学英语教师要重视启发式即时评价的使用，引导学生进行提问、质疑、反思。例如，英语教师可以使用启发式的即时评价，利用反问或质疑等方法让学生对英语学习内容产生新的思考，并用表扬性即时评价等方式对学生的见解和敢于表达的勇气进行褒扬。此外，小学英语教师也要了解、学习包容性、延时性、否定性等即时评价方式的内涵和功能，在合适的教育时机选择多样的评价方式促进学生的英语学习和发展。

2.“表情包”作业评价的合理应用

“表情包”具有独特的功能与特点，与小学英语教学评价相结合能够有效地提高教育的说服力，同时也有利于搭建师生沟通的桥梁，建立和谐的师生关系，但是这并不意味着“表情包”可以代替传统的纸笔测验评价方式，也不意味着所有的“表情包”都可以用于教学评价。教师在小学英语教学评价应用中，应该坚持适度性、导向性、层次性和主体性的原则，通过对“表情包”正确的选择，结合学生不同的发展特点和个性特征，在恰当的情景中进行适当的应用，以引导学生朝着正确的方向发展。

移动互联网的高速发展催生了“表情包”，时代的进步也需要以“表情包”承载当今社会的文化与热点，由于社会发展、新事物更新速度快，“表情包”具有人际交流、身份建构、语义多重和承载传播等特点，将其合理地应用于小学英语教学评价中，具有激发学生兴趣、鼓励学生发展、指导学生进步、调节学生情感的功能，因此教师可以从以下两个方面加强对“表情包”的认识。

①“表情包”评价目标综合化。“表情包”评价方式是激发学生学习英语的兴趣的有效途径，学生是具有个性的人，发展性的评价理念提倡教师在教学过程中应该用发展的眼光看待学生，这就要求教师在应用“表情包”时不能仅关注学生的成绩，对于学生态度、能力和品质的发展，也应该综合考量，促进学生的全面发展。小学英语作业的目的一方面是为了巩固所学的知识，另一方面也是促进听、说、读、写等各项能力的发展。通过综合运用多样的“表情包”，促进学生的全面发展。“表情包”是教学评价的一种新方式，其个性化、趣味化的表达方式有助于引起学生的好奇心进而提高学生学习的积极性和主动性，促进学生的个性发展。“表情包”评价目标具有引领教学评价发展、调整教学工作的重要意义，因此教师应树立综合化的评价目标，以促进学生全面发展。

②“表情包”评价功能多元化。教学评价注重的是过程，它强调在教学过程

中，教师通过观察、记录学生的学习情况，对学生的态度、精神状态等方面进行评价，教师应打破传统的教学评价模式，实现评价方式的多元化。而在当前“表情包”评价应用过程中，教师往往只应用单一的“表情”，形式种类不丰富。“表情包”具有多重身份建构，其符号所传达的语义会因不同的情景、不同的心境而不同，义务教育阶段的学生，认知和理解能力还处于发展的状态，因此“表情包”的应用除了要发挥它的激励功能，最重要的还是要坚持主体性原则，在“表情包”旁边用形象化的文字加以阐释和表达，使学生能正确地理解其中传递的情感和含义，综合发挥“表情包”的各项功能，调节学生情绪，鼓励学生发展。

③注重发挥“表情包”的引导作用。“表情包”应用在英语教学评价过程中是处于虚拟场景的交际，“表情包”诙谐、幽默的特点能使学生心平气和地接受自己的错误，并指导学生改进。表情符号形象直观，但也具有可猜测性，教师可以运用形象化的表达传递情感，给学生指明对的方向，引导学生更深层次的思考自己的问题，培养学生的自我判断能力。引导式评价方式就是在学生作业的评价过程中，不再采用数字或是等级评价模式，而是以图像符号为媒介，生动活泼地传递教师的态度和心理表情，引导学生发现问题进而逐步解决问题。引导式评价方式在应用时，需要教师充分地了解学生，根据学生不同的性格特点、学习情况、课堂表现给予不同的符合他们特点的“表情包”评价方式。

④关注学生差异，应用丰富的“表情包”。学生的心理发展特点具有不平衡性和不稳定性，各自具有独特的特点，因此“表情包”的应用对所有学生来说并不能一概而论，不同样式、不同造型的“表情”会让学生产生不同的情绪和反应。对于学生的差异性来说，应根据学生的心理发展程度，有的放矢地应用“表情包”。同样的表情包对于不同心理特点的学生也会产生不同的影响，恰当地应用会充分发挥每个学生的潜能和积极因素，使学生得到最大程度的发展。学生是独立意义的个体，每个学生具有不同的心理个性特征，苏格拉底强调要对学生进行因材施教，在教学评价过程中也不例外，教师要根据学生不同的特点采用不同的“表情包”进行因地制宜的评价。

⑤树立正确的作业观，应用恰当的“表情包”。作业的布置与评价是教学过程的重中之重，作业评价属于教学评价的重要组成部分。课堂提供了大量的输入和输出机会，有利于锻炼学生的语言运用能力，而作业也是语言能力锻炼的重要

途径。教师通过对作业的批改与评价及时掌握学生的知识应用情况，反思教学过程，改进教学模式，提高教学质量；学生通过作业巩固所学知识，做到查缺补漏。新时代下，教育部多次强调教师要减轻中小学生的作业负担，设计自主型作业。英语新课程标准指出，评价的目的一方面是为了全面地了解学生的英语学习发展历程，另一方面是激发学生的学习兴趣和改进教师教学。“表情包”作为评价方式的补充，有利于激发小学生对英语学习的兴趣，增添评价的情趣，使英语更具有趣味性，让小学生在评价中体验成功的喜悦。

（四）改进小学英语教师评价行为

教师评价行为是教师在课堂教学情境中对学生在学习过程中的认知状况、思想状况、投入状况、学业完成状况、作业情况、纪律表现情况、学习习惯及心理情感心态等方面进行的言语及非言语上的评估。教师在日常教学中的评价行为是教师根据一定的目标，了解和剖析学生的学习情况，评估学生的学习行为及其成效，为学习者提供反馈和意见，以有利于学习者发展的行为，为学生提供反馈和建议，以促进学生持续发展的有意识的评价活动。

语言也存在情境化与个人化现象，即所有人类说出言语的总和，是所有以言语者意志为转移的个体的集合，还有完成这些组合所需要的发音行为。教师评价言语行为是在课堂活动中，老师针对学习者的“言语行为”，如提出问题、回答问题、学习态度、学习方法以及分析问题和解决问题的能力等进行即时评价。教师课堂言语评价行为是由教师对学生在英语课堂教学中的表现进行的有意向性的言语评价行为，具体包括对课堂复习部分的言语评价、对课堂导入环节的言语评价、对课堂陈述部分的言语评价、对课堂练习环节的言语评价等。教师的非言语沟通力称为教师的躯体表达力，即教师借助躯体向学习者传达了一种信息，而这种信息的传达是教师言语行为所无法取代的。教师非言语行为是教师特定的行为，与教师在课堂上的言语行为密切相关，与具体的教学情境相结合，是为课堂教学服务的。教师课堂非言语评价行为是教师利用言语评价以外的一切手段，如肢体动作、面部表情等，向学生传递信息或情感，对学生在课堂教学中的表现做出的评价行为，为学生所接受，然后反馈给教师。因此，英语教师评价行为是在英语教学活动中，教师对学生的学习行为、学习过程、学习效果、学习态度和方法等情况做出价值判断及反馈建议时所表现出的言语、体态、面部表情等活动。

目前，小学英语教师评价行为中非言语评价形式运用较少，教师在课堂上最常用的是言语评价形式。教师为了节省课堂时间，将新知识更好地传授给学生，从而更多地使用言语评价形式。当教师使用非言语评价形式时，师生、生生之间的课堂互动达到了空前的高度，非言语评价形式非常受学生的喜爱与青睐，因此教师要善于综合运用多种评价行为形式。教师课堂评价语言过于简单笼统，大多使用简单的肯定性评价且没有进行针对性评价，从而削弱了评价的诊断功能。为节约珍贵的课堂时间，教师的评价语言通常采用比较简单高效的形式，且大多是单纯地赞扬，但如果对学生单纯地称赞和表扬，将无法对学生的课堂表现做出全面客观的判断，也就不能取得应有的教育效果。因此在实际教学中，教师应该根据具体的教育教学活动以及学生的表现给出具体的评价。小学英语教师的评价内容大多较片面，英语课程标准所要求的综合语言能力目标的多个方面，包括文化意识、学习策略和情感态度等较难讲解并渗透到教学中去的目标，反映了教师在课堂评价内容中存在的一些问题，如教师在课堂上主要侧重评价语言知识和语言技能，而忽视了对情感态度、文化意识和学习策略等的评价。在课堂上，教师主要通过简单的问题来评价学生对语言知识和技能的把握程度，而对于评价学生的综合语言运用能力，则需使用较为复杂的评价工具，从而未得到教师的充分重视。另外，小学英语教师评价主体单一，在英语课堂中，占评价主导作用的是教师，而学生的自我评价与学生互评的频率则相对较低，家长评价更是几乎没有出现。对于课堂上出现的学生互评现象，大部分不是在教师的引导下有意识地去评价。学生参与评价首先要学会自我评价，他人评价能够提升学生的团结协作能力。然而，这两种评价模式却没有得到教师的充分利用。虽然家长不能直接参与教学，但他们与学生的学习息息相关，所以家长在英语教学中的评价作用也是十分关键的。在小学英语教学评价中，还存在评价对象倾向于个人或全班学生，相对忽视对小组的评价的现象。在课堂上主要通过教师创设问题情境，学生个体或者全班学生对问题进行解答，最终教师对学生评价反馈。然而，从实践来看，评价对象偏向于个人或集体，反而使得评价流于形式。当进行小组讨论交流时，教师也往往偏向于针对小组中的个人进行评价。评价对象偏向集体会造成评价效果较差，过于倾向个人，就不能平衡大部分学生的需求，从而失之偏颇，难以统筹兼顾。而且教师忽略了对小组的评价，也使得学生错失了小组团结协作、共同发展的机会。这表明教师受传统教学经验的影响较大，评价对象仍然倾向于个体和集体。教师课堂评价行为在时间维度上以即时评价为主，延时评价的频率较低，也表明了教师对于课堂上怎样在恰当的时机对学生做出评价是模糊不清的。

基于上述小学英语教学评价中存在的问题，要改进小学英语教师的评价行为，教师要实现从观念到行为的转变，做到理论和实践相结合，教师还要努力提升评价素养，注重对评价行为的反思，这样才能达到小学英语教学评价应有的效果，提高小学英语教学质量。

1. 教师要实现从观念到行为的转变

教师的课堂评价行为是影响教师课堂教学的重要部分。课堂评价行为很重要，现在教师对课堂评价行为也很重视。评价的主要目的是为全面认识学生的学习历程，鼓励学生学习，提高教师的教学效果；有效地促进学生的发展、教师的发展以及课堂实践活动。课堂评价行为有激励功能，是教学的关键部分，是鼓励学生积极学习的有效手段，因此对学生十分重要。教学与评价不可分离，教师要重视课堂评价行为。课堂评价行为在教学过程中很重要，但大多教师的评价行为只是停留在观念层次，从观念到行为的转变并不是一蹴而就的，教师在课堂教学中必须改变传统的评价观念，重视自身的评价行为，实现从观念到行为的转变。教师良好的评价行为能够在一定程度上对学生产生积极的影响，对学生的发展和成长意义重大。因此，教师要树立正确的评价理念，将评价理念应用于课堂教学实际，实现从观念到行为的转变。

2. 教师应做到理论和实践相结合

小学英语教师应该积极掌握和学习与即时评价相关的各种理论，上网学习相关的课程和他人分享的经验。同时，珍惜学校为其提供的学习平台与学习机会，主动参与校内外举办的相关活动，如关于即时评价理论学习活动等以及校内组织的教学研修活动，参与观课、评课，吸取他人在即时评价方面的优点，加强对即时评价的理解深度，提高评价能力。第一，学校要重视英语教师即时评价能力的发展，多为教师提供学习的平台和机会，使教师能受到相关的系统性培训，掌握实用性强的评价技巧；第二，学校可以让英语教师听取评价领域的专家的讲解和建议，让教师在即时评价的理念、功能、方式等方面有系统化的全面理解；第三，学校可以组织教师互相对日常教学中的即时评价案例进行分析和探讨，让教师有所启迪。

3. 教师要努力提升评价素养

教师的评价素养对教师课堂评价行为的表现起着决定性的作用。所以，为了体现教师良好的课堂评价行为，就必须提升教师的整体评价素养。学校应该根据教师的不同需求为教师提供提升课堂评价素养的培训机会。对于新手教师而言，应该给予其入职前的专业指导和培训。教师在教学初期会遇到各种评价问题，可以通过专家引领，结合实际教学情况和教学案例，建立分层次、多形式的培训体系，给予新手教师明确的、针对性的帮助，通过对具体案例的讨论和交流，不断完善教师自身的评价行为。另一方面，可以通过同伴互助的形式，营造“众人拾柴火焰高”的评价氛围，形成相互协作、自我完善的评价机制。通过教师间共同研讨与课堂评价行为相关的问题，共享课堂评价方法和资源，促进小组成员共同发展。同时，课堂评价素养的发展还需要教师自身主动地进行系统且专业的学习，并在实践中检验。英语教师可以阅读关于评价的文章，提升自己关于课堂评价行为的理论水平，不断提高英语教学质量。

4. 教师要注重对评价行为的反思

教师的职业性质和特点，决定了教师更需要学会反思、善于反思。教师的教学应进一步专业化，反思研究和创造知识以及新的教学实践应成为教学的组成部分，由此可见反思对于教师成长的重要性。教师只有对评价性质、评价时机、评价形式等各方面不断的反思，在反思中吸取经验和教训，才能快速完善评价行为，从而促进自身专业知识和能力的进一步发展。教师应经常通过教学反思，总结出自己的评价方式和方法哪些更适合学生以及何种评价行为更能调动学生的积极性。除此之外，教师也要与时俱进，进一步学习与思考先进的评价理念，多与其他教师进行互动和交流，虚心学习和借鉴优秀的课堂评价行为。通过课堂教学的实际锻炼，多积累一些能够体现自身独特教学特色的课堂评价行为。评价语言应及时准确、简洁易懂、分层多样，还可以使用贴纸、卡片等进行评价，来激发学生的学习积极性。教师还要进一步学习和拓展评价方式，使学生在英语课堂中如沐春风。

小学英语教师的积极反思是促进其评价能力发展的关键因素和决定性条件，唯有英语教师善于反思，才能有效提高自身的评价能力。第一，撰写教学日记。英语教师可以将自己在教学活动中观察到的、记忆深刻的与即时评价相关的事件进行记录、分析、总结，写下自己的感悟，然后进行理性分析。教学日记不仅是教师自己经验的累积，还是指导自身提高即时评价能力的指南针，不仅能使教师明确自身的不足，也能为教师将理论和自身实际情况相结合提供方向。第二，拍摄教学录像。小学英语教师可录制自己的教学课堂，在课后进行细致分析，或者邀请同事一起观看，试图发现在即时评价使用上的缺点，从而不断提高自己的即时评价技巧。第三，邀请同伴观察交流。小学英语教师可以邀请同事或者资深教师来听自己的课，听取他人对自己的评价。小学英语教师还可以以评价为话题与同事共同研讨、交流，分别从各自的角度提出有效的改善建议，最后根据总结的意见进行教学，不断提高即时评价水平。第四，倾听学生的想法。教学是一个教学相长的过程，不仅是指师生共同进步成长，还指教师通过教学来学习，以教师之教促进教师之学。因此，学生对教师即时评价的态度和感受应被尊重。唯有倾听、征询学生对于评价的意见和感受，英语教师才能更好地理解自己的即时评价现状和效果，并有针对性地进行反思和改变。

参考文献

[1] 勒温．拓扑心理学原理 [M]．高觉敷，译．北京：商务印书馆，2003．

[2] 库伯．体验学习：让体验成为学习和发展的源泉 [M]．王灿明，朱水萍，等，译．上海：华东师范大学出版社，2008．

[3] 夏征农，陈至立．辞海（第六版缩印本）[M]．上海：上海辞书出版社，2010．

[4] 伍新春，管琳．合作学习与课堂教学 [M]．北京：人民教育出版社，2010．

[5] 中国社会科学院语言研究所词典编辑室．现代汉语词典 [M]．北京：商务印书馆，2012．

[6] 刘虹．新课程与中小学英语课堂教学 [M]．大连：辽宁师范大学出版社，2012．

[7] 吉桂凤．思维导图与小学英语教学 [M]．北京：教育科学出版社，2015．

[8] 余慧，张弛，鞠衍萍．小学英语课堂教学实践研究 [M]．青岛：中国海洋大学出版社，2015．

[9] 陈则航．英语阅读教学与研究 [M]．北京：外语教学与研究出版社，2016．

[10] 朱奇峰．网络学习空间对中小学英语教学促进作用实证研究 [M]．北京：北京交通大学出版社，2017．

[11] 蔡晓霞．在小学英语课堂中培养学生阅读素养的教学实践 [M]．北京：经济日报出版社，2019．

[12] 林敦来．中小学英语教师语言评价素养参考框架 [M]．北京：外语教学与研究出版社，2019．

[13] 郭雅静．中小学英语教学设计研究 [M]．延吉：延边大学出版社，2019．

[14] 张广军，马飞．中小学英语课堂小活动的魅力 [M]．银川：宁夏人民出版社，2019．

[15] 张志泉，王俊英．小学英语教学设计 [M]．上海：复旦大学出版社，2020．

[16] 曹进，赵卫博．中小学英语教学资源开发与利用 [M]．重庆：重庆大学出版社，2020．
[17] 康燕茹．教育信息化与中小学英语教学创新研究 [M]．长春：吉林人民出版社，2020．
[18] 王嵘．小学英语教学理论构建与应用设计 [M]．北京：中国书籍出版社，2021．
[19] 孙慧琦．小学英语多元目标与教学策略 [M]．福州：福建教育出版社，2020．
[20] 陶效莉，刘晓栋，马玲．核心素养背景下小学英语词汇教学探索 [M]．长春：吉林人民出版社，2020．
[21] 崔照笛，孙早迪，张丽娜．小学英语教学基础 [M]．长春：吉林大学出版社，2020．
[22] 李帆，李婷婷．教育戏剧在小学英语教育教学中的应用 [M]．武汉：武汉大学出版社，2021．
[23] 王芳，于亦涛，黄小洁．“爱种子”模式下小学英语教学范式的构建与实践 [M]．广州：广州中山大学出版社，2021．
[24] 赵涯．基于儿童生活的小学英语教学实践探究 [M]．杭州：浙江工商大学出版社，2021．
[25] 郑建英．指向成长型思维的小学英语协同学习 [M]．苏州：苏州大学出版社，2021．
[26] 贾秋林．小学英语单元主题教学设计案例研究 [M]．南京：河海大学出版社，2022．
[27] 张粹然．库尔特·勒温的场心理学 [J]．成都大学学报（社会科学版），1981（2）：80−84．
[28] 申荷永．勒温心理学的方法论 [J]．心理科学通讯，1990（2）：39−42．
[29] 王坦．合作学习：一种值得借鉴的教学理论 [J]．普教研究，1994（1）：62−64．
[30]S·沙伦，王坦，高艳．合作学习论 [J]．山东教育科研，1996（5）：59−62．
[31] 高艳．合作学习的分类、研究与课堂应用初探 [J]．教育评论，2001（2）：14−17．

[32] 张建伟．从传统教学观到建构性教学观——兼论现代教育技术的使命 [J]．教育理论与实践，2001（9）：32–36．

[33] 丁邦平．建构主义与面向 21 世纪的科学教育改革 [J]．比较教育研究，2001（8）：6–10．

[34] 王沛，康廷虎．建构主义学习理论述评 [J]．教师教育研究，2004（5）：17–21．

[35] 龚珊珊．班杜拉社会认知理论对教学的启示 [J]．黔东南民族师范高等专科学校学报，2006（5）：51–53．

[36] 李婴宁．"教育性戏剧"在中国 [J]．艺术评论，2013（9）：49–52．

[37] 夏瑞卿，杨忠．社会认知视角的知识共享行为研究 [J]．情报杂志，2013，32（11）：196–201．

[38] 郭晓丽．浅析翻转课堂在小学英语教学中的有效运用 [J]．兰州职业技术学院学报，2021，37（6）：121–123．

[39] 张肖燕．小学英语教学质量提高策略浅析 [J]．现代农村科技，2021（11）：72．

[40] 王慧玲，陈雪．基于建构主义理论对小学英语教学的分析与启示 [J]．海外英语，2021（18）：209–210．

[41] 冯静．小学英语教学中二语语用能力的培养策略研究 [J]．海外英语，2021，456（20）：203–204．

[42] 马丽萍．分层教学对小学英语教学策略的影响 [J]．科学咨询，2021（9）：278–279．

[43] 王沁清．小学英语教学中听力和口语训练的重要性探究 [J]．科学咨询（教育科研），202（8）：158–159．

[44] 邰嘉薇．浅谈情感教育在小学英语教学中的应用 [J]．科学咨询（教育科研），2021（8）：146–147．

[45] 王丽丽．论深度学习理念下的小学英语有效教学策略 [J]．英语广场，2021（22）：131–133．

[46] 潘钰．小学英语教学存在的问题及对策研究 [J]．海外英语，2021（10）：184–185．

[47] 张绍军，陈名英．论小学英语教学设计的意识与实现 [J]．课程．教材．教法，2021，41（4）：112–117．

[48] 乔虹．中华优秀传统文化融入小学英语教学的意义、问题及路径 [J]．开封文化艺术职业学院学报，2021，41（2）：187–188．

[49] 刘晓爽．直接拼读法在小学英语词汇教学中的应用研究 [D]．济南：山东师范大学，2014．

[50] 任平敏．小学语文教学中故事教学法的应用研究 [D]．济南：山东师范大学，2019．

[51] 李若琦．基于古典文学故事内容的儿童美术体验式教学研究 [D]．哈尔滨：哈尔滨师范大学，2019．